孙子兵法

卷二

［春秋］孙武 著
李楠 编译

四、杜牧注《孙子兵法·计篇》

杜牧曰：计算也。曰计算何事？曰：下之五事，所谓道、天、地、将、法也。于庙堂之上，先以彼我之五事计算优劣，然后定胜负。胜负既定，然后兴师动众。用兵之道，莫先此五事，故著为篇首耳。

孙子曰：兵者，国之大事。

杜牧曰：《传》曰：『国之大事，在祀与戎。』

死生之地，存亡之道，不可不察也。

杜牧曰：国之存亡，人之殆生，皆由于兵，故须审察也。

故经之以五事，校之以计而索其情。

杜牧曰：经者，经度也。五者，即下所谓五事也。校者，校量也。计者，即篇首计算也。索者，搜索也。情者，彼我之情也。此言先须经度五事之优劣，次复校量计算之得失，然后始可搜索彼我胜负之情状。

一曰道。

二曰天。

三曰地。

四曰将。

五曰法。

杜牧曰：此之谓五事也。

道者，令民与上同意也。

故可以与之死，可以与之生，而不畏危。

杜牧曰：道者，仁义也。李斯问兵于荀卿，答曰：『彼仁义者，所以修政者也。政修则民亲其上，乐其君，轻为之死。』复对赵孝成王论兵曰：『百将一心，三军同力。臣之于君也，下之于上也，若子之事父，弟之事兄，若手臂之捍头目而覆胸臆也。』如此，始可令与上（下）同意，死生同致，不畏惧于危疑也。

天者，阴阳、寒暑、时制也。

杜牧曰：阴阳者，五行、刑德、向背之类是也。今五纬行止，最可据验；巫咸、甘氏、石氏、唐蒙、史墨、梓慎、裨灶之徒，皆在著述，咸称秘奥，察其指归，皆本人事。《准星经》曰：『岁星所在之分，不可攻，攻之反受其殃也。』《左传·昭三十二年》曰：『夏，吴伐越，始用师于越，史墨曰：「不及四十年，越其有吴乎？越得岁而吴伐之，必受其凶。」』注曰：『存亡之数，不过三纪，岁月三周三十六岁，故曰不及四十年也。』此年岁在星纪，星纪其分也；岁星所在，其国有福，吴先用兵，故反受其殃。哀公二十二年，越灭吴，至此三十八岁也。李淳风曰：『天下诛秦，岁星聚于东井。秦政暴虐，失岁星仁和之理，违岁星恭肃之道，拒谏信谗，是故胡亥终于灭亡。』复曰：『岁星清明润泽所在之国分大吉。君令合于时，则岁星光喜，年丰人安；君尚暴虐，令人不便，则岁星色芒角而怒，则兵起。』由此言之，岁星所在，或有福德，或有灾祥，岂不皆本于人事乎？夫吴越之君，德均势敌，阖闾兴师，志在吞灭，非为拯民，故岁星福越而祸吴。秦之残酷，天下诛之，上合天意，故岁星祸秦而祚汉。荧惑，罚星也；宋景公出一善言，荧惑退移三舍，而延二十七年。以此推之，岁为善星，不福无道；火为罚星，不罚有德。举此二者，其他可知。况所临之分，随其政化之善恶，各变其本色芒角大小，随为祸福，各随时而占之。淳风曰：『夫形器著于下，精象系于上。』近取之身，耳目为肝肾之用，鼻口实心腹所资，彼此影响，岂不然欤？《易》曰：『在天成象，在地成形，变化见矣。』盖本于人事而已矣。刑德向背之说，尤不足信。夫刑德天官之陈，背水陈者为绝纪，向山坂陈者为废军。武王伐纣，背济水向山坂而陈，以二万二千五百人，击纣之亿万而灭之。今可目睹者，国家自元和已后至今，三十年间，凡四伐赵寇，昭义军，加以数道之众，常号十万，围之临城县。攻其南不拔，攻其北不拔，攻其东不拔，攻其西不拔。其四度围之，通有十岁，十岁之内，东西南北，岂有刑德向背王相吉辰哉？其不拔者，岂不曰城坚、池深、粮多、人一战？复以往事验之，秦累世战胜，竟灭六国，岂天道二百年间常在乾方，福德常居淳首？岂不曰穆公已还，卑身趋上，务耕战，明法令而致之乎？故梁惠王问尉缭子曰：『黄帝有刑德，可以百战百胜，其有之乎？』尉缭子曰：『不然。黄帝所谓刑德者，刑以伐之，德以守之，非世之所谓刑德也。夫举贤用能者，不时日而利；明法审令者，不卜筮而吉；贵功养劳者，不祷祠而福。』周武王伐纣，师次于汜水共头山，风雨疾雷，鼓旗毁折，王之骖乘惶惶欲死。太公曰：『夫用兵者，顺天道未必吉，逆之未必凶。若失人事，则三军败亡。且天道鬼神，视之不见，听之不闻，故智者不法，愚者拘之。若乃好贤而任能，举事而得时，此则不看时日而事利，不假卜筮而事吉，不待祷祠而福从。』遂命驱之前进。周公曰：『今时逆太岁，龟灼言凶，卜筮不吉，星凶为灾，请还师。』太公怒曰：『今纣剖比干，囚箕子，以飞廉为政，伐之有何不可？枯草朽骨，安可知乎』！乃焚龟折蓍，率众先涉，武王从之，遂灭纣。宋高祖围慕容超于广固，将攻城，诸将咸谏曰：『今往，亡之日，兵家所忌。』高祖曰：『我往彼亡，吉孰大焉』！乃命悉登，遂克广固。后魏太祖武帝讨后燕慕容麟，甲子晦日进军，太史令晁崇奏曰：『昔纣以甲子日亡。』帝曰：『周武岂不以甲子日胜乎？』崇无以对。遂战，破之。后魏太武帝征夏赫连昌于统万城，师次城下。昌鼓噪而前，会有风雨从贼后来，太史进曰：『天不助人，将士饥渴，愿且避之。』崔浩曰：『千里制胜一日，岂得变易？风道在人，岂有常也』！帝从之。昌军大败。或曰：『如此者，阴阳向背，定不足信，孙子叙之，何也？』答曰：『夫暴君昏主，或为一瑶一马，则必残人逞志，非以天道鬼神，谁能制止？故孙子叙之，盖有深旨。寒暑时气，节制其行止也。』周瑜为孙权数曹公四败，一曰：『今盛寒，马无藁草，驱中国士众，远涉江湖，不习水土，必生疾病，此用兵之忌也。』寒暑同归于天时，故联以叙之也。

地者，远近、险易、广狭、死生也。

将者，智、信、仁、勇、严也。

杜牧曰：先王之道，以仁为首；兵家者流，用智为先。盖智者，能机权，识变通也；信者，使人不惑于刑赏也；仁者，爱人悯物，知勤劳也；勇者，决胜乘势，不逡巡也；严者，以威刑肃三军也。楚申包胥使于越，越王勾践将伐吴，问战焉。夫战，智为始，仁次之，勇次之。不智，则不能知民之极，无以诠度天下之众寡；不仁，则不能与三军共饥劳之殃；不勇，则不能断疑以发大计也。

法者，曲制、官道、主用也。

杜牧曰：曲者，部曲队伍，有分画也。制者，金鼓旌旗，有节制也。官者，偏裨校列，各有官司也。道者，营陈开阖，各有道径也。主者，管库厮养，职守主张其事也。用者，车马器械，三军须用之物也。荀卿曰：『械用有数。』夫兵者，以食为本，须先计粮道，然后兴师。

凡此五者，将莫不闻。知之者胜，不知者不胜。

故校之以计而索其情。

杜牧曰：谓上五事，将欲闻知，校量计算彼我之优劣，然后搜索其情状，乃能必胜，不尔则败。

曰：主孰有道？

杜牧曰：孰，谁也。言我与敌人之主，谁能远佞亲贤，任人不疑也。

将孰有能？

杜牧曰：将孰有能者，上所谓『智、信、仁、勇、严』也。

天地孰得？

杜牧曰：天者，上所谓『阴阳、寒暑、时制』也；地者，上所谓『远近、险易、广狭、死生』也。

法令孰行？

杜牧曰：悬法设禁，贵贱如一。魏绛戮仆，曹公断发是也。

兵众孰强？

杜牧曰：上下和同勇于战为强；卒众车多为强。

士卒孰练？

杜牧曰：辨旌旗，审金鼓，明开合，知进退，闲驰逐，便弓矢，习击刺也。

赏罚孰明？

杜牧曰：赏不僭，刑不滥。

吾以此知胜负矣。

将听吾计，用之必胜，留之；将不听吾计，用之必败，去之。

杜牧曰：若彼自备护，不从我计，形势均等，无以相加，用战必败，引而去之，故《春秋传》曰，允当则归也。

计利以听，乃为之势，以佐其外。

杜牧曰：计算利害，是军事根本。利害已见听用，然后于常法之外，更求兵势，以助佐其事也。

势者，因利而制权也。

杜牧曰：自此便言常法之外势。夫势者，不可先见，或因敌之害见我之利，或因敌之利见我之害，然后始可制机权而取胜也。

兵者，诡道也。

故能而示之不能。

用而示之不用。

杜牧曰：此乃诡诈藏形。夫形也者，不可使见于敌；敌人见形，必有应。《传》曰：『鸷鸟将击，必藏其形。』如匈奴示羸老于汉使之义也。

近而示之远，远而示之近。

杜牧曰：欲近袭敌，必示以远去之形；欲远袭敌，必示以近进之形。韩信盛兵临晋，而渡于夏阳，此乃示以近形而远袭敌也。后汉末，曹公、袁绍相持官渡，绍遣将郭图、淳于琼、颜良等攻东郡太守刘延于白马。绍引兵至黎阳，将渡河，曹公北救延津。荀攸曰：『今兵少不敌，分兵势乃可。公致兵延津将欲渡，兵向其后，绍必西应之。然后轻兵袭白马，掩其不备，颜良可擒也。』公从之。绍闻兵渡，即留，分兵西应之。公乃引军行趋白马，未至十余里，良大惊来战。使张辽、关羽前进击破，斩颜良，解白马围。此乃示以远形，而近袭敌也。

利而诱之。

杜牧曰：赵将李牧大纵畜牧人众满野，匈奴小入（人），佯北不胜，以数千人委之。单于闻之，大喜，率众大至。牧多为奇陈，左右夹击，大破，杀匈奴十余万骑也。

乱而取之。

杜牧曰：敌有昏乱，可以乘而取之。《传》曰：『兼弱攻昧，取乱侮亡，武之善经也。』

实而备之。

杜牧曰：对垒相持，不论虚实，常须为备。此言居常无事，邻封接境，敌若修政治实，上下相爱，赏罚明信，士卒精练，即须备之，不待交兵然后为备也。

强而避之。

杜牧曰：逃避所长。言敌人乘兵强气锐，则当须且回避之，待其衰懈，候其间隙而击之。晋末，岭南贼卢循、徐道覆乘虚袭建邺，刘裕御之。曰：『贼若新亭直上，且当避之；回泊蔡洲，乃成擒耳。』徐道覆欲焚舟直上，循以不为可，乃泊于蔡洲，竟以败灭。

怒而挠之。

杜牧曰：大将刚戾者，可激之令怒，则逞志快意，志气挠乱，不顾本谋也。

卑而骄之。

杜牧曰：秦末，匈奴冒顿初立，东胡强，使使谓冒顿曰：『欲得头曼时千里马。』冒顿以问群臣，群臣皆曰：『千里马，国之宝，勿与。』冒顿曰：『奈何与人邻国，爱一马乎』！遂与之。居顷之，东胡使使来曰：『愿得单于一阏氏。』冒顿问群臣，皆怒曰：『东胡无道，乃求阏氏，请击之。』冒顿曰：『与人邻国，爱一女子乎』！与之。居顷之，东胡复曰：『匈奴有弃地千里，吾欲有之。』冒顿问群臣，群臣皆曰：『与之亦可，不与亦可。』冒顿大怒曰：『地者，国之本也。本何可与』！诸言与者皆斩之。冒顿上马，令国中有后者斩，东袭东胡。东胡轻冒顿，不为之备，冒顿击灭之。冒顿遂西击月氏，南并楼烦、白羊、河南，北侵燕、代，悉复收秦所使蒙恬所夺匈奴地也。

佚而劳之。

杜牧曰：吴公子光问伐楚于伍员，员曰：『可为三军以肄焉。我一师至，彼必尽出；彼出则归。亟肄以疲之，多方以误之，然后三师以继之，必大克。』从之。于是子重一岁七奔命，于是乎始病吴，终入郢。后汉末，曹公既破刘备，备奔袁绍，引兵欲与曹公战。别驾田丰曰：『操善用兵，未可轻举，不如以久持之。将军据山河之固，有四州之地，外结英豪，内修农战，然后拣其精锐，分为奇兵，乘虚迭出，以扰河南；救右则击其左，救左则击其右，使敌疲于奔命，人不安业，我未劳而彼已困矣。不及三年，可坐克也。今释庙胜之策，而决成败于一战，悔无及也。』绍不从，故败。

亲而离之。

杜牧曰：言敌若上下相亲，则当以厚利啖而离间之。陈平言于汉王曰：『今项王骨鲠之臣，不过亚父、钟离昧、龙且、周殷之属，不过数人。大王诚能捐数万斤金，间其君臣，彼必内相诛；汉因举兵而攻之，灭楚必矣。』汉王然之，出黄金四万斤与平，使之反间。项王果疑亚父，不急击下荥阳。汉王遁去。

攻其无备，出其不意。

杜牧曰：击其空虚，袭其懈怠。

此兵家之胜，不可先传也。

杜牧曰：传，言也。此言上之所陈，悉用兵取胜之策，固非一定之制；见敌之形，始可施为，不可先事而言也。

夫未战而庙算胜者，得算多也；未战而庙算不胜者，得算少也。多算胜，少算不胜，而况于无算乎！吾以此观之，胜负见矣。

杜牧曰：庙算者，计算于庙堂之上也。

五、陈皞注《孙子兵法·计篇》

孙子曰：兵者，国之大事。

死生之地，存亡之道，不可不察也。

故经之以五事，校之以计而索其情。

一曰道。

二曰天。

三曰地。

四曰将。

五曰法。

道者，令民与上同意也。

故可以与之死，可以与之生，而不畏危。

陈皞曰：道者，仁义也。李斯问兵于荀卿，答曰：『彼仁义者，所以修政者也。政修则民亲其上，乐其君，轻为之死。』复对赵孝成王论兵曰：『百将一心，三军同力。臣之于君也，下之于上也，若子之事父，弟之事兄，若手臂之捍头目而覆胸臆也。』如此，始可令与上（下）同意，死生同致，不畏惧于危疑也。

天者，阴阳、寒暑、时制也。

地者，远近、险易、广狭、死生也。

将者，智、信、仁、勇、严也。

法者，曲制、官道、主用也。

凡此五者，将莫不闻。知之者胜，不知者不胜。

故校之以计而索其情。

曰：主孰有道？

将孰有能？

天地孰得？

法令孰行？

兵众孰强？

士卒孰练？

赏罚孰明？

吾以此知胜负矣。

将听吾计，用之必胜，留之；将不听吾计，用之必败，去之。

陈皞曰：孙武以书干阖闾曰：『听用吾计策，必能胜敌，我当留之不去；不听吾计策，必当负败，我去之不留。』以此感动阖闾，庶必见用。故阖闾曰：『子之十三篇，寡人尽观之矣。』其时阖闾行军用师，多自为将，故不言主而言将也。

计利以听，乃为之势，以佐其外。

势者，因利而制权也。

兵者，诡道也。

故能而示之不能，

用而示之不用，

近而示之远，远而示之近。

利而诱之，

乱而取之，

实而备之，

陈皞曰：敌若不动完实，我当谨备，亦自实以备敌也。

强而避之，

怒而挠之，

卑而骄之，

陈皞曰：所欲必无所顾吝，子女以惑其心，玉帛以骄其志，范蠡、郑武之谋也。

佚而劳之，

陈皞曰：彼吝爵禄，此必捐之；彼啬财货，此必轻之；彼好杀罚，此必缓之。因其上下相猜，得行离间之说。由余所以归秦，英布所以佐汉也。

攻其无备，出其不意。

此兵家之胜，不可先传也。

夫未战而庙算胜者，得算多也；未战而庙算不胜者，得算少也。多算胜，少算不胜，而况于无算乎！吾以此观之，胜负见矣。

六、贾林注《孙子兵法·计篇》

孙子曰：兵者，国之大事。

死生之地，存亡之道，不可不察也。

贾林曰：地犹所也，亦谓东师振旅战阵之地，得其利则生，失其便则死。故曰死生之地。道者，权机立胜之道，得之则存，失之则亡。故曰不可不察也。书曰：『有存道者，辅而固之；有亡道者，推而亡之。』

故经之以五事，校之以计而索其情。

贾林曰：校量彼我之计谋，搜索两军之情实，则长短可知，胜负易见。

一曰道。

二曰天。

三曰地。

四曰将。

五曰法。

道者，令民与上同意也。

故可以与之死，可以与之生，而不畏危。

贾林曰：将能以道为心，与人同利其患，则士卒服，自然心与上者同也。使士卒怀我如父母，视敌如仇雠者，非道不能也。黄石公云：『得道者昌，失道者亡。』

天者，阴阳、寒暑、时制也。

贾林曰：读时制为时气，谓从其善时，占其气候之利也。

地者，远近、险易、广狭、死生也。

将者，智、信、仁、勇、严也。

贾林曰：专任智则贼；偏施仁则懦；固守信则愚；恃勇力则暴；令过严则残。五者兼备，各适其用，则可为将帅。

法者，曲制、官道、主用也。

凡此五者，将莫不闻。知之者胜，不知者不胜。

故校之以计而索其情。

贾林曰：《书》云：『非知之艰，行之惟难。』

曰：主孰有道？

将孰有能？

天地孰得？

法令孰行？

兵众孰强？

士卒孰练？

赏罚孰明？

吾以此知胜负矣。

贾林曰：以上七事量校彼我之政，则胜败可见。

将听吾计，用之必胜，留之；将不听吾计，用之必败，去之。

计利以听，乃为之势，以佐其外。

贾林曰：计其利，听其谋，得敌之情；我乃设奇谲之势以动之外者，或傍攻，或后蹑，以佐正陈。

势者，因利而制权也。

兵者，诡道也。

故能而示之不能。
用而示之不用。
近而示之远，远而示之近。
贾林曰：去就在我，敌何由知。
利而诱之。
贾林曰：以利动之，动而有形，我所以因形制胜也。
乱而取之。
贾林曰：我令奸智乱之，候乱而取之也。
实而备之。
强而避之。
贾林曰：以弱制强，理须待变。
怒而挠之。
卑而骄之。
佚而劳之。
亲而离之。
攻其无备，出其不意。
此兵家之胜，不可先传也。
夫未战而庙算胜者，得算多也；未战而庙算不胜者，得算少也。多算胜，少算不胜，而况于无算乎！吾以此观之，胜负见矣。

七、孟氏注《孙子兵法·计篇》

孙子曰：兵者，国之大事，死生之地，存亡之道，不可不察也。

故经之以五事，校之以计而索其情：

一曰道。

二曰天。

三曰地。

四曰将。

五曰法。

道者，令民与上同意也。

故可以与之死，可以与之生，而不畏危。

孟氏曰：一作『人不疑』，谓始终无二志也；一作『人不危』。道，谓道之以政令，齐之以礼教，故能化服士民，与上下同心也。故用兵之妙，以权术为道。大道废而有法，法废而有权，权废而有势，势废而有术，术废而有数。大道沦替，人情讹伪，非以权数而取之，则不得其欲也。故其权术之道，使民上下同进趋，共爱憎，一利害，故人心归于德，得人之力，无私之至也。故百万之众其心如一，可与俱同死力动，而不至危亡也。臣之于君，下之于上，若子之事父，弟之事兄，若手臂之捍头目而覆胸臆也。如此，始可与上同意，死生同致，不畏惧于危疑。

天者，阴阳、寒暑、时制也。

孟氏曰：兵者，法天运也。阴阳者，刚柔盈缩也。用阴则沉虚固静，用阳则轻捷猛厉；后则用阴，先则用阳；阴无蔽也，阳无察也。阴阳之象无定形，故兵法天。天有寒暑，兵有生杀，天则应杀而制物，兵则应机而制形。故曰天也。

地者，远近、险易、广狭、死生也。

将者，智、信、仁、勇、严也。

法者，曲制、官道、主用也。

凡此五者，将莫不闻。知之者胜，不知者不胜。

故校之以计而索其情。

曰：主孰有道？

将孰有能？

天地孰得？

法令孰行？

兵众孰强？

士卒孰练？

赏罚孰明？

吾以此知胜负矣。

将听吾计，用之必胜，留之；将不听吾计，用之必败，去之。

孟氏曰：将，裨将也。听吾计画而胜，则留之；违吾计画而败，则除去之。

计利以听，乃为之势，以佐其外。

势者，因利而制权也。

兵者，诡道也。

故能而示之不能。

用而示之不用。

近而示之远，远而示之近。

利而诱之。乱而取之。

实而备之。强而避之。

怒而挠之。

孟氏曰：敌人盛怒，当屈扰之。

卑而骄之。

佚而劳之。

亲而离之。

攻其无备，出其不意。

孟氏曰：击其空虚，袭其懈怠，使敌不知所以备也。故曰：兵者无形为妙。太公曰：『动莫神于不意，谋莫善于不识。』

此兵家之胜，不可先传也。

夫未战而庙算胜者，得算多也；未战而庙算不胜者，得算少也。多算胜，少算不胜，而况于无算乎！吾以此观之，胜负见矣。

八、梅尧臣注《孙子兵法·计篇》

孙子曰：兵者，国之大事。

死生之地，存亡之道，不可不察也。

梅尧臣曰：地有死生之势，战有存亡之道。

故经之以五事，校之以计而索其情。

梅尧臣曰：经纪五事，校定计划。

一曰道。

二曰天。

三曰地。

四曰将。

五曰法。

道者，令民与上同意也。

故可以与之死，可以与之生，而不畏危。

梅尧臣曰：危，戾也。主有道，则政教行；人心同，则危戾去。故主安与安，主危与危。

天者，阴阳、寒暑、时制也。

梅尧臣曰：兵必参天道，顺气候，以时制之，所谓制也。《司马法》曰：『冬夏不兴师，所以兼爱民也。』

地者，远近、险易、广狭、死生也。

梅尧臣曰：知形势之利害。

将者，智、信、仁、勇、严也。

梅尧臣曰：智能发谋，信能赏罚，仁能服众，勇能果断，严能立威。

法者，曲制、官道、主用也。

梅尧臣曰：曲制，部曲队伍，分画必有制也。官道，裨校首长，统率必有道也。主用，主军之资粮百物，必有用度也。

凡此五者，将莫不闻。知之者胜。不知者不胜。

故校之以计而索其情。

曰：主孰有道？

梅尧臣曰：谁能得人心也。

将孰有能？

梅尧臣曰：将孰有能者，上所谓『智、信、仁、勇、严』也。

天地孰得？

梅尧臣曰：稽合天时，审察地利。

法令孰行？

梅尧臣曰：齐众以法，一众以令。

兵众孰强？

梅尧臣曰：内和外附。

士卒孰练？

梅尧臣曰：车骑闲习，孰国精粗？

赏罚孰明？

梅尧臣曰：赏有功，罚有罪。

吾以此知胜负矣。

梅尧臣曰：能索其情，则知胜负。

将听吾计，用之必胜，留之；将不听吾计，用之必败，去之。

梅尧臣曰：武以十三篇干吴王阖闾，故首篇以此辞动之。谓王将听我计而用战必胜，我当留此也；王将不听我计而用战必败，我当去此也。

计利以听，乃为之势，以佐其外。

梅尧臣曰：定计于内，为势于外，以助成胜。

势者，因利而制权也。

梅尧臣曰：因利行权以制之。

兵者，诡道也。

梅尧臣曰：非谲不可以行权，非权不可以制敌。

故能而示之不能。

用而示之不用。

近而示之远，远而示之近。

梅尧臣曰：使其不能赜。

利而诱之。

梅尧臣曰：彼贪利则以货诱之。

乱而取之。

梅尧臣曰：彼乱则乘而取之。

实而备之。

梅尧臣曰：彼实则不可不备。

强而避之。

梅尧臣曰：彼强，则我当避其锐。

怒而挠之。

梅尧臣曰：彼褊急易怒则挠之，使愤激轻战。

卑而骄之。

梅尧臣曰：示以卑弱以骄其心。

佚而劳之。

梅尧臣曰：以我之佚，待彼之劳。

亲而离之。

梅尧臣曰：言敌若上下相亲，则当以厚利啖而离间之。陈平言于汉王曰：『今项王骨鲠之臣，不过亚父、钟离昧、龙且、周殷之属，不过数人。大王诚能捐数万斤金，间其君臣，彼必内相诛；汉因举兵而攻之，灭楚必矣。』汉王然之，出黄金四万斤与平，使之反间。项王果疑亚父，不急击下荥阳。汉王遁去。

攻其无备，出其不意。

梅尧臣曰：击其空虚，袭其懈怠，使敌不知所以备也。故曰：兵者无形为妙。太公曰：『动莫神于不意，谋莫善于不识。』

此兵家之胜，不可先传也。

梅尧臣曰：临敌应变制宜，岂可预前言之？

夫未战而庙算胜者，得算多也；未战而庙算不胜者，得算少也。多算胜，少算不胜，而况于无算乎！吾以此观之，胜负见矣。

梅尧臣曰：多算，故未战而庙谋先胜；少算，故未战而庙谋不胜，是不可无算矣。

九、王皙注《孙子兵法·计篇》

王皙曰：计者，谓计主、将、天、地、法令、兵众、士卒、赏罚也。

孙子曰：兵者，国之大事。

死生之地，存亡之道，不可不察也。

王皙曰：兵举则死生存亡系之。

故经之以五事，校之以计而索其情。

王皙曰：经，常也；又经纬也。计者，谓下七计。索，尽也。兵之大经，不出道、天、地、将、法耳。就而校之以七计，然后能尽彼己胜负之情状也。

一曰道。

二曰天。

三曰地。

四曰将。

五曰法。

王皙曰：此经之五事也。夫用兵之道，人和为本，天时与地利则其助也。三者具，然后议举兵。兵举必须将能，将能然后法修，孙子所次，此之谓矣。

道者，令民与上同意也。

故可以与之死，可以与之生，而不畏危。

王皙曰：道，谓主有道，能得民心也。夫得民之心者，所以得死力也；得死力者，所以济患难也。《易》曰：『悦以犯难，民忘其死。』如是，则安畏危难之事乎？

天者，阴阳、寒暑、时制也。

王皙曰：谓阴阳，总天道、五行、四时、风云、气象也，等消息之以助军胜。然非异人特受其诀，则未由也。若黄石授书张良，乃《太公兵法》是也。意者岂天机神秘，非常人所得知耶？其诸十数家纷纭，抑未足以取审矣。寒暑，若吴起云疾风、大寒、盛夏、炎热之类。时制，因时利害而制宜也。范蠡云『天时不作，弗为人客』是也。

地者，远近、险易、广狭、死生也。

将者，智、信、仁、勇、严也。

王皙曰：智者，先见而不惑，能谋虑，通权变也；信者，号令一也；仁者，惠抚恻隐，得人心也；勇者，徇义不惧，能果毅也；严者，以威严肃众心也。五者相须，阙一不可。故曹公曰，将宜五德备也。

法者，曲制、官道、主用也。

王皙曰：曲者，卒伍之属。制者，节制其行列进退也。官者，群吏偏裨也。道者，军行及所舍也。主者，主守其事用者。凡军之用，谓辎重粮积之属。

凡此五者，将莫不闻。知之者胜。不知者不胜。

故校之以计而索其情。

王皙曰：当尽知也。言虽周知五事，待七计以尽其情也。

曰：主孰有道？

王皙曰：若韩信言项王匹夫之勇，妇人之仁，名虽为霸，实失天下心；谓汉王入武关，秋毫无所害，除秦苛法，秦民亡不欲大王王秦者是也。

将孰有能？

王哲曰：若汉王问魏大将柏直，曰『是口尚乳臭，不能当韩信』之类是也。

天地孰得？

王哲曰：天者，上所谓『阴阳、寒暑、时制』也；地者，上所谓『远近、险易、广狭、死生』也。

法令孰行？

王哲曰：孰能法明令便，人听而从？

兵众孰强？

王哲曰：强弱足以相刑而知。

士卒孰练？

王哲曰：孰训之精？

赏罚孰明？

王哲曰：孰能赏必当功，罚必称情？

吾以此知胜负矣。

将听吾计，用之必胜，留之；将不听吾计，用之必败，去之。

王哲曰：将，行也；用，谓用兵耳。言行听吾此计，用兵则必胜，我当留；行不听吾此计，用兵则必败，我当去也。

计利以听，乃为之势，以佐其外。

王哲曰：吾计之利已听，复当知应变，以佐其外。

势者，因利而制权也。

王哲曰：势者，乘其变者也。

兵者，诡道也。

王哲曰：诡者，所以求胜敌；御众必以信也。

故能而示之不能。

用而示之不用。
王皙曰：强示弱，勇示怯，治示乱，实示虚，智示愚，众示寡，进示退，速示迟，取示舍，彼示此。
近而示之远，远而示之近。
王皙曰：使其不能赜。
利而诱之。
乱而取之。
王皙曰：乱，谓无节制；取，言易也。
实而备之。
王皙曰：彼将有以击吾之不备也。
强而避之。
王皙曰：敌兵精锐，我势寡弱，则须退避。
怒而挠之。
王皙曰：敌持重，则激怒以挠之。
卑而骄之。
王皙曰：示卑弱以骄之；彼不虞我，而击其间。
佚而劳之。
王皙曰：多奇兵也。彼出则归，彼归则出，救左则右，救右则左，所以罢劳之也。
亲而离之。
王皙曰：敌相亲，当以计谋离间之。
攻其无备，出其不意。
王皙曰：击其空虚，袭其懈怠，使敌不知所以备也。故曰：兵者无形为妙。太公曰：『动莫神于不意，谋莫善于不识。』

此兵家之胜，不可先传也。

王晳曰：夫校计行兵，是谓常法；若乘机决胜，则不可预传述也。

夫未战而庙算胜者，得算多也；未战而庙算不胜者，得算少也。多算胜，少算不胜，而况于无算乎！吾以此观之，胜负见矣。

王晳曰：此惧学者惑不可先传之说，故复言《计篇》义也。

第二章 作战篇

一、曹操注《孙子兵法·作战篇》

曹操曰：欲战必先算其费，务因粮于敌也。

孙子曰：凡用兵之法，驰车千驷，革车千乘，带甲十万。

曹操曰：驰车，轻车也，驾驷马；革车，重车也，言万骑之重。车驾四马，率三万军，养二人主炊，家子一人主保固守衣装，厩二人主养马，凡五人。步兵十人，重以大车驾牛。养二人主炊，家子一人主守衣装，凡三人也。带甲十万，士卒数也。

千里馈粮。

曹操曰：越境千里。

则内外之费，宾客之用，胶漆之材，车甲之奉，日费千金，然后十万之师举矣。

曹操曰：谓购赏犹在外。

其用战也胜，久则钝兵挫锐，攻城则力屈。

曹操曰：钝，弊也；屈，尽也。

久暴师则国用不足。

夫钝兵挫锐、屈力殚货，则诸侯乘其弊而起，虽有智者，不能善其后矣。

故兵闻拙速，未睹巧之久也。

曹操曰：虽拙有以速胜。未睹者，言其无也。

夫兵久而国利者，未之有也。

故不尽知用兵之害者，则不能尽知用兵之利也。

善用兵者，役不再籍，粮不三载。

曹操曰：籍，犹赋也。言初赋民而便取胜，不复归国发兵也。始载粮，后遂因食于敌。还兵入国，不复以粮迎之也。

取用于国，因粮于敌，故军食可足也。

曹操曰：兵甲战具，取用国中，粮食因敌也。

国之贫于师者远输，远输则百姓贫。

近于师者贵卖，贵卖则百姓财竭。

曹操曰：军行已出界，近师者贪财，皆贵卖，则百姓虚竭也。

财竭则急于丘役。

力屈、财殚，中原内虚于家。百姓之费，十去其七。

曹操曰：丘，十六井也。百姓财殚尽而兵不解，则运粮尽力于原野也。十去其七者，所破费也。

公家之费，破车罢马，甲胄矢弩，戟楯蔽橹，丘牛大车，十去其六（一本作十去其七）。

曹操曰：丘牛，谓丘邑之牛；大车，乃长毂车也。

故智将务食于敌，食敌一钟，当吾二十钟；萁秆一石，当吾二十石。

曹操曰：六斛四斗为钟。萁，豆秸也。秆，禾藁也。石者，一百二十斤也。转输之法，费二十石得一石。一云：萁，音忌，豆也。七十斤为一石。当吾二十，言远费也。

故杀敌者，怒也。

曹操曰：威怒以致敌。

取敌之利者，货也。

曹操曰：军无财，士不来；军无赏，士不往。

故车战，得车十乘已上，赏其先得者。

曹操曰：以车战能得敌车十乘已上，赏赐之。不言车战得车十乘已上者赏之，而言赏得者何？言欲开示赏其所得车之卒也。陈车之法：五车为队，仆射一人；十车为官，卒长一人；车满十乘，将吏二人。因而用之，故别言赐之，欲使将恩下及也。或曰：言使自有车十乘已上与敌战，但取其有功者赏之，其十乘已下，虽一乘独得，余九乘皆赏之，所以率进励士也。

而更其旌旗。

曹操曰：与吾同也。

车杂而乘之。

曹操曰：不独任也。

卒善而养之。

是谓胜敌而益强。

曹操曰：益己之强。

故兵贵胜，不贵久。

曹操曰：久则不利。兵犹火也，不戢，将自焚也。

故知兵之将，生民之司命，国家安危之主也。

曹操曰：将贤则国安也。

二、杜佑注《孙子兵法·作战篇》

孙子曰：凡用兵之法，驰车千驷，革车千乘，带甲十万。

千里馈粮。

则内外之费，宾客之用，胶漆之材，车甲之奉，日费千金，然后十万之师举矣。

其用战也胜，久则钝兵挫锐，攻城则力屈。

久暴师则国用不足。

夫钝兵挫锐，屈力殚货，则诸侯乘其弊而起，虽有智者，不能善其后矣。

杜佑曰：虽当时有用兵之术，不能防其后患。

故兵闻拙速，未睹巧之久也。

杜佑曰：虽拙，有以速胜。

夫兵久而国利者，未之有也。

杜佑曰：兵者凶器，久则生变。若智伯围赵，逾年不归，卒为襄子所擒，身死国分。故《新序传》曰：『好战穷武，未有不亡者也。』

故不尽知用兵之害者，则不能尽知用兵之利也。

杜佑曰：言谋国动军行师，不先虑危亡之祸，则不足取利也。若秦伯见袭郑之利，不顾崤函之败；吴王矜伐齐之功，而忘姑苏之祸也。

善用兵者，役不再籍，粮不三载。

取用于国，因粮于敌，故军食可足也。

杜佑曰：兵甲战具，取用国中，粮食因敌也。取资用于我国，因粮食于敌家也。晋师馆谷于楚是也。

国之贫于师者远输，远输则百姓贫。

近于师者贵卖，贵卖则百姓财竭。

杜佑曰：言近军师，市多非常之卖，当时贪贵以趋末利，然后财货殚尽，家国虚也。

财竭则急于丘役。

力屈、财殚，中原内虚于家。百姓之费，十去其七。

公家之费，破车罢马，甲胄矢弩，戟楯蔽橹，丘牛大车，十去其六（一本作十去其七）。

故智将务食于敌，食敌一钟，当吾二十钟；萁秆一石，当吾二十石。

故杀敌者，怒也。

取敌之利者，货也。

杜佑曰：人知胜敌有厚赏之利，则冒白刃，当矢石，而乐以进战者，皆货财酬勋赏劳之诱也。

故车战，得车十乘已上，赏其先得者。
而更其旌旗。
车杂而乘之。
卒善而养之。
是谓胜敌而益强。
故兵贵胜，不贵久。
故知兵之将，生民之司命，国家安危之主也。

三、李筌注《孙子兵法·作战篇》

李筌曰：先定计，然后修战具，是以《战》次《计》之篇也。

孙子曰：凡用兵之法，驰车千驷，革车千乘，带甲十万。

李筌曰：驰车，战车也；革车，轻车也；带甲，步卒。车一两，驾以驷马，步卒七十人，计千驷之军，带甲七万，马四千匹。孙子约以军资之数，以十万为率，则百万可知也。

千里馈粮。

李筌曰：道理县远。

则内外之费，宾客之用，胶漆之材，车甲之奉，日费千金，然后十万之师举矣。

李筌曰：夫军出于外，则帑藏竭于内；举千金者，言多费也。千里之外赢粮，则二十人奉一人也。

其用战也胜，久则钝兵挫锐，攻城则力屈。

久暴师则国用不足。

夫钝兵挫锐，屈力殚货，则诸侯乘其弊而起，虽有智者，不能善其后矣。

李筌曰：十万众举，日费千金，非唯顿挫于外，亦财殚于内，是以圣人无暴师也。隋大业初，炀帝重兵好征，力屈雁门之下，兵挫辽水之上。疏河引淮，转输弥广，出师万里，国用不足。于是杨玄感、李密乘其弊而起，纵苏威、高颎，岂能为之谋也？

故兵闻拙速，未睹巧之久也。

李筌曰：虽拙有以速胜。未睹者，言其无也。

夫兵久而国利者，未之有也。

李筌曰：《春秋》曰：『兵犹火也，弗戢将自焚。』

故不尽知用兵之害者，则不能尽知用兵之利也。

李筌曰：利害相依之所生，先知其害，然后知其利也。

善用兵者，役不再籍，粮不三载。

李筌曰：籍，书也，不再籍书，恐人劳怨生也。秦发关中之卒，是以有陈、吴之难也。军出，度远近馈之，军入（人），载粮迎之，谓之三载。越境则馆谷于敌，无三载之义也。

取用于国，因粮于敌，故军食可足也。

李筌曰：具我戎器，因敌之食，虽出师千里，无匮乏也。

国之贫于师者远输，远输则百姓贫。

李筌曰：兵役数起，而赋敛重。

近于师者贵卖，贵卖则百姓财竭。

李筌曰：夫近军必有货易，百姓徇财殚产而从之，竭也。

财竭则急于丘役。

力屈、财殚，中原内虚于家。百姓之费，十去其七。

李筌曰：兵久不止，男女怨旷，困于输挽丘役，力屈财殚，而百姓之费十去其七。

公家之费，破车罢马，甲胄矢弩，戟楯蔽橹，丘牛大车，十去其六（一本作十去其七）。

李筌曰：丘，大也。此数器者，皆军之所须。言远近之费，公家之物，十损于七也。

故智将务食于敌，食敌一钟，当吾二十钟；萁秆一石，当吾二十石。

李筌曰：远师转一钟之粟，费二十钟方可达军。将之智也，务食于敌，以省己之费也。

故杀敌者，怒也。

李筌曰：怒者，军威也。

取敌之利者，货也。

李筌曰：利者，益军实也。

故车战，得车十乘已上，赏其先得者。

李筌曰：重赏而劝进也。

而更其旌旗。

李筌曰：恶色与吾同。

车杂而乘之。

李筌曰：夫降虏之旌旗，必更其色，而杂其事，车乃可用也。

卒善而养之。

是谓胜敌而益强。

李筌曰：后汉光武破铜马贼于南阳，虏众数万，各配部曲，然人心未安。光武令各归本营，乃轻行其间以劳之。相谓曰：『萧王推赤心置人腹中，安得不投死乎』！于是汉益振。则其义也。

故兵贵胜，不贵久。

故知兵之将，生民之司命，国家安危之主也。

李筌曰：将有杀伐之权，威欲却敌，人命所系，国家安危，在于此矣。

四、杜牧注《孙子兵法·作战篇》

孙子曰：凡用兵之法，驰车千驷，革车千乘，带甲十万。

杜牧曰：轻车，乃战车也，古者车战。革车，辎车、重车也，载器械、财货、衣装也。《司马法》曰：『一车，甲士三人，步卒七十二人，炊家子十人，固守衣装五人，厩养五人，樵汲五人。轻车七十五人，重车二十五人。』故二乘兼一百人为一队。举十万之众，革车千乘，校其费用支计，则百万之众皆可知也。

千里馈粮。

则内外之费，宾客之用，胶漆之材，车甲之奉，日费千金，然后十万之师举矣。

杜牧曰：军有诸侯交聘之礼，故曰宾客也。车甲器械完缉修缮，言胶漆者，举其微细。千金者，言费用多也，犹购赏在外也。

其用战也胜，久则钝兵挫锐，攻城则力屈。

杜牧曰：胜久，谓淹久而后能胜也。言与敌相持久而后胜，则甲兵钝弊，锐气挫衄，攻城则人力殚尽屈折也。

久暴师则国用不足。

夫钝兵挫锐，屈力殚货，则诸侯乘其弊而起，虽有智者，不能善其后矣。

杜牧曰：盖以师久不胜，财力俱困，诸侯乘之而起，虽有智能之士，亦不能于此之后，善为谋画也。

故兵闻拙速，未睹巧之久也。

杜牧曰：攻取之间，虽拙于机智，然以神速为上；盖无老师、费财、钝兵之患，则为巧矣。

夫兵久而国利者，未之有也。

故不尽知用兵之害者，则不能尽知用兵之利也。

杜牧曰：害之者劳人费财，利之者吞敌拓境。苟不顾己之患，则舟中之人，尽为敌国，安能取利于敌人哉！

善用兵者，役不再籍，粮不三载。

杜牧曰：审敌可攻，审我可战，然后起兵，便能胜敌而还。郑司农《周礼注》曰：『役，谓发兵起役；籍乃伍籍也。比叁为伍，因内政寄军令，以伍籍发军起役也。』

取用于国，因粮于敌，故军食可足也。

国之贫于师者远输，远输则百姓贫。

杜牧曰：《管子》曰：『粟行三百里，则国无一年之积；粟行四百里，则国无二年之积；粟行五百里，则众有饥色。』此言粟重物轻也，不可推移；推移之，则民失耕牛，俱失南亩，故百姓不得不贫也。

近于师者贵卖，贵卖则百姓财竭。

财竭则急于丘役。

力屈、财殚，中原内虚于家。百姓之费，十去其七。

杜牧曰：《司马法》曰：『六尺为步，步百为亩，亩百为夫，夫三为屋，屋三为井，四井为邑，四邑为丘，四丘为甸。丘盖十六井也。丘有戎马一匹，牛四头；甸有戎马四匹，牛十六头，兵（丘）车一乘，甲士三人，步卒七十二人。』今言兵不解，则丘役益急，百姓粮尽财竭，力尽于原野，家业十耗其七也。

公家之费，破车罢马，甲胄矢弩，戟楯蔽橹，丘牛大车，十去其六（一本作十去其七）。

故智将务食于敌，食敌一钟，当吾二十钟；萁秆一石，当吾二十石。

杜牧曰：六斛四斗为一钟，一石一百二十斤。萁，豆秸也。秆，禾藁也。或言：『萁秆，藁也。』秦攻匈奴，使天下运粮，起于黄腄琅琊负海之郡，转输北河，率三十钟而致一石。汉武建元中，通西南夷，作者数万人，千里负担馈粮，率十余钟致一石。今校孙子之言，食敌一钟，当吾二十钟，盖约平地千里转输之法，费二十石得一石，不约道里，盖漏阙也。黄腄，音直瑞反，又音谁，在东莱；北河即今之朔方郡。

故杀敌者，怒也。

杜牧曰：万人非能同心皆怒，在我激之以势使然也。田单守即墨，使燕人劓降者，掘城中人坟墓之类是也。

取敌之利者，货也。

杜牧曰：使士见取敌之利者，货财也。谓得敌之货财，必以赏之，使人皆有欲，各自为战。后汉荆州刺史度尚，讨桂州贼帅卜阳、潘鸿等，入南海，破其三屯，多获珍宝，而鸿等党聚犹众，士卒骄富，莫有斗志。尚曰：『卜阳、潘鸿作贼十年，皆习于攻守，当须诸郡并力可攻之，今军恣听射猎。』兵士喜悦，大小相与从禽。尚乃密使人潜焚其营，珍积皆尽，猎者来还，莫不泣涕。尚曰：『卜阳等财货，足富数世，诸卿但不并力耳，所亡少少，何足介意。』众闻，咸愤踊愿战。尚令秣马蓐食，明晨径赴贼屯，阳、鸿不设备，吏士乘锐，遂破之。此乃是也。

故车战，得车十乘已上，赏其先得者。

杜牧曰：夫得车十乘已上者，盖众人用命之所致也。若遍赏之，则力不足。与其所获之车，公家仍自以财货赏其唱谋先登者，此所以劝励士卒。故上文云：取敌之利者，货也。言十乘者，取其纲目也。

而更其旌旗。

车杂而乘之。

杜牧曰：士卒自获敌车，任杂然自乘之，官不录也。

卒善而养之。

是谓胜敌而益强。

杜牧曰：得敌卒也，因敌之资，益己之强。

故兵贵胜，不贵久。

故知兵之将，生民之司命，国家安危之主也。

杜牧曰：民之性命，国之安危，皆由于将也。

五、陈皞注《孙子兵法·作战篇》

孙子曰：凡用兵之法，驰车千驷，革车千乘，带甲十万。

千里馈粮。

则内外之费，宾客之用，胶漆之材，车甲之奉，日费千金，然后十万之师举矣。

其用战也胜，久则钝兵挫锐，攻城则力屈。

久暴师则国用不足。

夫钝兵挫锐，屈力殚货，则诸侯乘其弊而起，虽有智者，不能善其后矣。

故兵闻拙速，未睹巧之久也。

陈皞曰：所谓疾雷不及掩耳，卒电不及瞬目。

夫兵久而国利者，未之有也。

故不尽知用兵之害者，则不能尽知用兵之利也。

善用兵者，役不再籍，粮不三载。

陈皞曰：籍，借也；不再借民而役也。粮者，往则载焉，归则迎之，是不三载也。不困乎兵，不竭乎国，言速而利也。

取用于国，因粮于敌，故军食可足也。

国之贫于师者远输，远输则百姓贫。

近于师者贵卖，贵卖则百姓财竭。

财竭则急于丘役。

力屈、财殚，中原内虚于家。百姓之费，十去其七。

陈皞曰：丘，聚也。聚敛赋役以应军须，如此则财竭于人，人无不困也。

公家之费，破车罢马，甲胄矢弩，戟楯蔽橹，丘牛大车，十去其六（一本作十去其七）。

故智将务食于敌，食敌一钟，当吾二十钟；萁秆一石，当吾二十石。

故杀敌者，怒也。

取敌之利者，货也。

故车战，得车十乘已上，赏其先得者。

而更其旌旗。

车杂而乘之。

卒善而养之。

是谓胜敌而益强。

故兵贵胜，不贵久。

故知兵之将，生民之司命，国家安危之主也。

六、贾林注《孙子兵法·作战篇》

孙子曰：凡用兵之法，驰车千驷，革车千乘，带甲十万。

千里馈粮。

则内外之费，宾客之用，胶漆之材，车甲之奉，日费千金，然后十万之师举矣。

贾林曰：计费不足，未可以兴师动众。故李太尉曰：『三军之门，必有宾客论议。』

其用战也胜，久则钝兵挫锐，攻城则力屈。

贾林曰：战虽胜人，久则无利。兵贵全胜，钝兵挫锐、士伤马疲则屈。

久暴师则国用不足。

夫钝兵挫锐，屈力殚货，则诸侯乘其弊而起，虽有智者，不能善其后矣。

贾林曰：人离财竭，虽伊、吕复生，亦不能救此亡败也。

故兵闻拙速，未睹巧之久也。

夫兵久而国利者，未之有也。

贾林曰：兵久无功，诸侯生心。

故不尽知用兵之害者，则不能尽知用兵之利也。

贾林曰：将骄卒惰，贪利忘变，此害最甚也。

善用兵者，役不再籍，粮不三载。

取用于国，因粮于敌，故军食可足也。

国之贫于师者远输，远输则百姓贫。

贾林曰：远输则财耗于道路，弊于转运，百姓日贫。

近于师者贵卖，贵卖则百姓财竭。

贾林曰：师徒所聚，物皆暴贵。人贪非常之利，竭财物以卖之，初虽获利殊多，终当力疲货竭。又云：既有非常之敛，故卖者求价无厌，百姓竭力买之，自然家国虚尽也。

财竭则急于丘役。

力屈、财殚，中原内虚于家。百姓之费，十去其七。

公家之费，破车罢马，甲胄矢弩，戟楯蔽橹，丘牛大车，十去其六（一本作十去其七）。

故智将务食于敌，食敌一钟，当吾二十钟；萁秆一石，当吾二十石。

故杀敌者，怒也。

贾林曰：人之无怒，则不肯杀。

取敌之利者，货也。

故车战，得车十乘已上，赏其先得者。

贾林曰：劝未得者，使自勉也。

而更其旌旗。

贾林曰：令不识也。

车杂而乘之。

卒善而养之。

是谓胜敌而益强。

故兵贵胜，不贵久。

故知兵之将，生民之司命，国家安危之主也。

七、孟氏注《孙子兵法·作战篇》

孙子曰：凡用兵之法，驰车千驷，革车千乘，带甲十万。

千里馈粮。

则内外之费，宾客之用，胶漆之材，车甲之奉，日费千金，然后十万之师举矣。

其用战也胜，久则钝兵挫锐，攻城则力屈。

久暴师则国用不足。

孟氏曰：久暴师露众千里之外，则军国费用不足相供。

夫钝兵挫锐，屈力殚货，则诸侯乘其弊而起，虽有智者，不能善其后矣。

故兵闻拙速，未睹巧之久也。

孟氏曰：虽拙有以速胜。

夫兵久而国利者，未之有也。

故不尽知用兵之害者，则不能尽知用兵之利也。

善用兵者，役不再籍，粮不三载。

取用于国，因粮于敌，故军食可足也。

国之贫于师者远输，远输则百姓贫。

孟氏曰：兵车转运千里之外，财则费于道路，人有困穷者。

近于师者贵卖，贵卖则百姓财竭。

财竭则急于丘役。

力屈、财殚，中原内虚于家。百姓之费，十去其七。

公家之费，破车罢马，甲胄矢弩，戟楯蔽橹，丘牛大车，十去其六（一本作十去其七）。

故智将务食于敌，食敌一钟，当吾二十钟；萁秆一石，当吾二十石。

孟氏曰：十斛为钟，让千里转运，道路耗费，二十钟可致一钟于军中矣。

故杀敌者，怒也。

取敌之利者，货也。

孟氏曰：使士见取敌之利者，货财也。谓得敌之货财，必以赏之，使人皆有欲，各自为战。后汉荆州刺史度尚，讨桂州贼帅卜阳、潘鸿等，入南海，破其三屯，多获珍宝，而鸿等党聚犹众，士卒骄富，莫有斗志。尚曰：『卜阳、潘鸿作贼十年，皆习于攻守，当须诸郡并力可攻之，今军恣听射猎。』兵士喜悦，大小相与从禽。尚乃密使人潜焚其营，珍积皆尽，猎者来还，莫不泣涕。尚曰：『卜阳等财货，足富数世，诸卿但不并力耳，所亡少少，何足介意。』众闻，咸愤踊愿战。尚令秣马蓐食，明晨径赴贼屯，阳、鸿不设备，吏士乘锐遂破之。此乃是也。

故车战，得车十乘已上，赏其无得者。

而更其旌旗。

车杂而乘之。

卒善而养之。

是谓胜敌而益强。

故兵贵胜，不贵久。

孟氏曰：贵速胜疾还也。

故知兵之将，生民之司命，国家安危之主也。

八、梅尧臣注《孙子兵法·作战篇》

孙子曰：凡用兵之法，驰车千驷，革车千乘，带甲十万。

梅尧臣曰：驰车，轻车也；革车，重车也。凡轻车一乘，甲士步卒二十五人；重车一乘，甲士步卒七十五人。

举二车各千乘，是带甲者十万人。

千里馈粮。

则内外之费，宾客之用，胶漆之材，车甲之奉，日费千金，然后十万之师举矣。

梅尧臣曰：举师十万，馈粮千里，日费如此，师久之戒也。

其用战也胜，久则钝兵挫锐，攻城则力屈。

梅尧臣曰：虽胜且久，则必兵仗钝弊，而军力挫锐；攻城而久，则力必殚屈。

久暴师则国用不足。

梅尧臣曰：师久暴于外，则输用不给。

夫钝兵挫锐，屈力殚货，则诸侯乘其弊而起，虽有智者，不能善其后矣。

梅尧臣曰：取胜攻城，暴师且久，则诸侯乘此弊而起袭我，我虽有智将，不能制也。

故兵闻拙速，未睹巧之久也。

梅尧臣曰：拙尚以速胜，未见工而久可也。

夫兵久而国利者，未之有也。

梅尧臣曰：力屈货殚，何利之有？

故不尽知用兵之害者，则不能尽知用兵之利也。

梅尧臣曰：不再籍不三载，利也；百姓虚公家费，害也。苟不知害，又安知利？

善用兵者，役不再籍，粮不三载。

梅尧臣曰：籍，借也，不再借民而役也；粮者，往则载焉，归则迎之，是不三载也。不困乎兵，不竭乎国，言速而利也。

取用于国，因粮于敌，故军食可足也。

梅尧臣曰：军之须用取于国，军之粮饷因于敌。

国之贫于师者远输，远输则百姓贫。

近于师者贵卖，贵卖则百姓财竭。

梅尧臣曰：远者供役以转馈，近者贪利而贵卖，皆贫国匮民之道也。

财竭则急于丘役。

力屈、财殚，中原内虚于家。百姓之费，十去其七。

公家之费，破车罢马，甲胄矢弩，戟楯蔽橹，丘牛大车，十去其六（一本作十去其七）。

梅尧臣曰：百姓以财力役奉军之费，其资十损乎七，公家以牛马器仗奉军之费，其资十损乎六。是以竭赋穷兵，百姓弊矣，役急民贫，国家虚矣。

故智将务食于敌，食敌一钟，当吾二十钟；萁秆一石，当吾二十石。

梅尧臣曰：六斛四斗为钟。萁，豆秸也。秆，禾藁也。石者，一百二十斤也。转输之法，费二十石得一石。一云：萁音忌，豆也。七十斤为一石。当吾二十，言远费也。

故杀敌者，怒也。

取敌之利者，货也。

梅尧臣曰：杀敌则激吾人以怒，取敌则利吾人以货。

故车战，得车十乘已上，赏其先得者。

梅尧臣曰：遍赏则难周，故奖一而劝百也。

而更其旌旗。

车杂而乘之。

梅尧臣曰：车许杂乘，旗无因故。

卒善而养之。

是谓胜敌而益强。

梅尧臣曰：获卒则任其所长，养之以恩，必为我用也。

故兵贵胜，不贵久。

梅尧臣曰：上所言，皆贵速也。速则省财用、息民力也。

故知兵之将，生民之司命，国家安危之主也。

梅尧臣曰：此言任将之重。

九、王皙注《孙子兵法·作战篇》

王皙曰：计以知胜，然后兴战而具军费，犹不可以久也。

孙子曰：凡用兵之法，驰车千驷，革车千乘，带甲十万。

王皙曰：曹公曰：『轻车也，驾驷马，凡千乘。』皙谓驰车，谓驾革车也。一乘四马为驷，千驷则革车千乘。曹公曰：重车也。皙谓革车，兵车也。有五戎千乘之赋，诸侯之大者。曹公曰：『带甲十万，步卒数也。』皙谓井田之法，甸出兵车一乘，甲士三人，步卒七十二人，千乘总七万五千人。此言带甲十万，岂当时权制欤？

千里馈粮。

则内外之费，宾客之用，胶漆之材，车甲之奉，日费千金，然后十万之师举矣。

王皙曰：内谓国中，外谓军所也。宾客，若诸侯之使及军中宴飨吏士也。胶漆车甲，举细与大也。

其用战也胜，久则钝兵挫锐，攻城则力屈。

王皙曰：屈，穷也。求胜以久，则钝弊折挫，攻城则益甚也。

久暴师则国用不足。

夫钝兵挫锐，屈力殚货，则诸侯乘其弊而起，虽有智者，不能善其后矣。

王皙曰：以其弊甚，必有危亡之忧。

故兵闻拙速，未睹巧之久也。

王皙曰：谓久则师老财费，国虚人困，巧者保无斯患也。

夫兵久而国利者，未之有也。

故不尽知用兵之害者，则不能尽知用兵之利也。

王皙曰：久而能胜，未免于害；速则利斯尽也。

善用兵者，役不再籍，粮不三载。

王皙曰：籍，犹赋也。言初赋民而便取胜，不复归国发兵也。始载粮，后遂因食于敌，还兵入国，不复以粮迎之也。

取用于国，因粮于敌，故军食可足也。

国之贫于师者远输，远输则百姓贫。

近于师者贵卖，贵卖则百姓财竭。

王皙曰：夫远输则人劳费，近市则物腾贵，是故久师则为国患也。曹公曰：『军行已出界，近于师者贪财，皆贵卖。』皙谓将出界也。

财竭则急于丘役。

力屈、财殚，中原内虚于家。百姓之费，十去其七。

王皙曰：急者，暴于常赋也。若鲁成公作丘甲是也。如此则民费太半矣。要见公费差减，故云十七。曹公曰：『丘十六井。兵不解，则运粮尽力于原野。』

公家之费，破车罢马，甲胄矢弩，戟楯蔽橹，丘牛大车，十去其六（一本作十去其七）。

王皙曰：楯，干也。蔽，可以屏蔽。橹，大楯也。丘牛，古所谓匹马丘牛也。大车，牛车也。《易》曰：『大车以载。』

故智将务食于敌，食敌一钟，当吾二十钟；萁秆一石，当吾二十石。

王皙曰：曹公曰：『萁，豆秸也。秆，禾藁也。石者，百二十斤也。转输之法，费二十乃得一。』皙谓上文千里馈粮，则转输之法，谓千里耳。萁，今作箕，秆，故书为芉，当作秆。

故杀敌者，怒也。

王皙曰：兵主威怒。

取敌之利者，货也。

王皙曰：谓设厚赏耳。若使众贪利自取，则或违节制耳。

故车战，得车十乘已上，赏其先得者。

王皙曰：以财赏其所先得之卒。

而更其旌旗。

车杂而乘之。

王晳曰：谓得敌车，可与我军杂用之也。

卒善而养之。

是谓胜敌而益强。

王晳曰：得敌卒则养之，与吾卒同。善者，谓勿侵辱之也。若厚抚初附，或失人心。

故兵贵胜，不贵久。

故知兵之将，生民之司命，国家安危之主也。

王晳曰：将贤则民保其生，而国家安矣；否则民被毒杀而国家危矣。明君任属，可不精乎！

第三章　谋攻篇

一、曹操注《孙子兵法·谋攻篇》

曹操曰：欲攻敌，必先谋。

孙子曰：凡用兵之法，全国为上，破国次之。

曹操曰：兴师深入长驱，距其城郭，绝其内外，敌举国来服为上；以兵击破，败而得之，其次也。

全军为上，破军次之。

曹操曰：《司马法》曰：『一万五千五百人为军。』

全旅为上，破旅次之。

曹操曰：五百人为旅。

全卒为上，破卒次之。

曹操曰：一校已上，至一百人也。

全伍为上，破伍次之。

曹操曰：百人已下至五人。

是故百战百胜，非善之善者也。

曹操曰：未战而战自屈，胜善也。

不战而屈人之兵，善之善者也。

曹操曰：未战而敌自屈服。

故上兵伐谋。

曹操曰：敌始有谋，伐之易也。

其次伐交。

曹操曰：交，将合也。

其次伐兵。

曹操曰：兵形已成也。

其下攻城。

曹操曰：敌国已收其外粮城守，攻之为下攻也。

攻城之法，为不得已。

修橹、轒辒，具器械，三月而后成，距闉，又三月而后已。

曹操曰：修，治也。橹，大楯也。轒辒者，轒床也；轒床其下四轮，从中推之至城下也。具，备也。器械者，机关攻守之总名，飞楼、云梯之属。距闉者，踊土稍高而前，以附其城也。

将不胜其忿，而蚁附之，杀士三分之一，而城不拔者，此攻之灾也。

曹操曰：将忿，不待攻城器，而使士卒缘城而上，如蚁之缘墙，杀伤士卒也。

故善用兵者，屈人之兵而非战也。

拔人之城而非攻也。

毁人之国而非久也。

曹操曰：毁灭人国，不久露师也。

必以全争于天下，故兵不顿而利可全，此谋攻之法也。

曹操曰：不与敌战，而必完全得之，立胜于天下，不顿兵血刃也。

故用兵之法，十则围之。

曹操曰：以十敌一，则围之，是将智勇等而兵利钝均也。若主弱客强，操所以倍兵围下邳生擒吕布也。

五则攻之。

曹操曰：以五敌一，则三术为正，一术为奇。

倍则分之。

曹操曰：以二敌一，则一术为正，一术为奇。

敌则能战之。

曹操曰：己与敌人众等，善者犹当设伏奇以胜之。

少则能逃之。

曹操曰：高壁坚垒，勿与战也。

不若则能避之。

曹操曰：引兵避之也。

故小敌之坚，大敌之擒也。

曹操曰：小不能当大也。

夫将者，国之辅也，辅周则国必强。

曹操曰：将周密，谋不泄也。

辅隙则国必弱。

曹操曰：形见于外也。

故君之所以患于军者三。

不知军之不可以进，而谓之进；不知军之不可以退，而谓之退，是谓縻军。

曹操曰：縻，御也。

不知三军之事，而同三军之政者，则军士惑矣。

曹操曰：军容不入国，国容不入军，礼不可以治兵也。

不知三军之权，而同三军之任，则军士疑矣。

曹操曰：不得其人意也。

三军既惑且疑，则诸侯之难至矣，是谓乱军引胜。

曹操曰：引，夺也。

故知胜有五。

知可以战与不可以战者胜。

识众寡之用者胜。

上下同欲者胜。

曹操曰：君臣同欲。

以虞待不虞者胜。

将能而君不御者胜。

曹操曰：《司马法》曰：『进退惟时，无曰寡人也。』

此五者，知胜之道也。

曹操曰：此上五事也。

故曰知彼知己者，百战不殆。

不知彼而知己，一胜一负。

不知彼，不知己，每战必殆。

二、杜佑注《孙子兵法·谋攻篇》

孙子曰：凡用兵之法，全国为上，破国次之。

杜佑曰：敌国来服为上，以击破为次。

全军为上，破军次之。

全旅为上，破旅次之。

全卒为上，破卒次之。

杜佑曰：一校下至百人也。

全伍为上，破伍次之。

是故百战百胜，非善之善者也。

杜佑曰：未战而敌自屈服。

不战而屈人之兵，善之善者也。

故上兵伐谋。

杜佑曰：敌方设谋欲举众师伐而抑之，是其上。故太公云：『善除患者，理于未生；善胜敌者，胜于无形也。』

其次伐交。

其次伐兵。

其下攻城。

杜佑曰：言攻城屠邑，攻之下者，所害者多。

攻城之法，为不得已。

修橹、轒辒，具器械，三月而后成，距闉，又三月而后已。

杜佑曰：轒辒，上汾下温。距闉者，踊土积高而前，以附于城也。积土为山曰堙，以距敌城，观其虚实。《春秋传》曰：『楚司马子反乘堙而窥宋城也。』

将不胜其忿，而蚁附之，杀士三分之一，而城不拔者，此攻之灾也。

杜佑曰：守过二时，敌人不服，将不胜心之忿，多使士卒蚁附其城，杀伤我士民三分之一也。言攻趣不拔，还为己害。

故韩非曰：『夫一战不胜，则过暨矣。』

故善用兵者，屈人之兵而非战也。

拔人之城而非攻也。

毁人之国而非久也。

杜佑曰：若诛理暴逆，毁灭敌国，不暴师众也。

必以全争于天下，故兵不顿而利可全，此谋攻之法也。

故用兵之法，十则围之。

杜佑曰：以十敌一则围之，是为将智勇等而兵利钝均也。若主弱客劲，不用十也。曹公操所以倍兵围下邳，生擒吕布。若敌垒固守，依附险阻，敌一我十，乃可围也。敌虽盛，所据不便，未必十倍然后围之。

五则攻之。

杜佑曰：若敌并兵自守，不与我战，彼一我五，乃可攻战也。或无敌人内外之应，未必五倍然后攻。

倍则分之。

杜佑曰：己二敌一，则一术为正，一术为奇。彼一我二，不足为变，故疑兵分离其军也。故太公曰：『不能分移，不可以语奇。』

敌则能战之。

少则能逃之。

杜佑曰：高壁垒，勿与战也。彼之众，我之寡，不可敌，则当自逃守匿其形。

不若则能避之。

杜佑曰：引兵备之，强弱不敌，势不相若，则引军避，待利而动。

故小敌之坚，大敌之擒也。

夫将者，国之辅也，辅周则国必强。

辅隙则国必弱。

故君之所以患于军者三。

不知军之不可以进，而谓之进；不知军之不可以退，而谓之退，是谓縻军。

杜佑曰：縻，御也，靡为反。君不知军之形势，而欲从中御也。

不知三军之事，而同三军之政者，则军士惑矣。

杜佑曰：夫治国尚礼义，兵贵于权诈，形势各异，教化不同，而君不知其变，军国一政，以用治民，则军士疑惑，不知所措。故《兵经》曰：『在国以信，在军以诈也。』

不知三军之权，而同三军之任，则军士疑矣。

杜佑曰：不得其人也。君之任将，当精择焉；将若不知权变，不可付以势位。苟授非其人，则举措失所，军覆败也。若赵不用广武君而用成安君。

三军既惑且疑，则诸侯之难至矣，是谓乱军引胜。

故知胜有五。

知可以战与不可以战者胜。

识众寡之用者胜。

杜佑曰：言兵之形，有众而不可击寡，或可以弱制强，则能变之者胜也。故《春秋传》曰『师克在和不在众』，是也。

上下同欲者胜。

杜佑曰：言君臣和同，勇而战者胜。故孟子曰：『天时不如地利，地利不如人和。』

以虞待不虞者胜。

杜佑曰：虞，度也。以我有法度之师，击彼无法度之兵。

将能而君不御者胜。

杜佑曰：将既精能，晓练兵势，君能专任，事不从中御。故王子曰：『指授在君，决战在将也。』

此五者，知胜之道也。

故曰知彼知己者，百战不殆。

不知彼而知己，一胜一负。

杜佑曰：虽不知敌之形势，恃己能克之者，胜负可半。

不知彼，不知己，每战必殆。

杜佑曰：外不料敌，内不知己，用战必殆。

三、李筌注《孙子兵法·谋攻篇》

李筌曰：合陈为战，围城曰攻，以此篇次《战》之下。

孙子曰：凡用兵之法，全国为上，破国次之。

李筌曰：不贵杀也。韩信虏魏王豹，擒夏说，斩成安君，此为破国者。及用广武君计，北首燕路，遣一介之使，奉咫尺之书，燕从风而靡，则全国也。

全军为上，破军次之。

全旅为上，破旅次之。

李筌曰：百人已上为卒。

全卒为上，破卒次之。

全伍为上，破伍次之。

李筌曰：百人已下为伍。

是故百战百胜，非善之善者也。

李筌曰：以计胜敌也。

不战而屈人之兵，善之善者也。

故上兵伐谋。

李筌曰：伐其始谋也。后汉寇恂围高峻，峻遣谋臣皇甫文谒恂，辞礼不屈。恂斩之，报峻曰：『军师无礼，已斩之。欲降，急降；不欲，固守』！峻即日开壁而降。诸将曰：『敢问杀其使而降其城，何也？』恂曰：『皇甫文，峻之心腹，其取谋者。留之则文得其计，杀之则峻亡其胆，所谓上兵伐谋。』诸将曰：『非所知也。』

其次伐交。

李筌曰：伐其始交也。苏秦约六国不事秦，而秦闭关十五年，不敢窥山东也。

其次伐兵。

李筌曰：临敌对陈，兵之下也。

其下攻城。

李筌曰：夫王师出境，敌则开壁送款，举榇辕门，百姓怡悦，攻之上也。若顿兵坚城之下，师老卒惰，攻守势殊，客主力倍，以此攻之，为下也。

攻城之法，为不得已。

修橹、轒辒，具器械，三月而后成，距闉，又三月而后已。

李筌曰：橹，楯也，以蒙首而趋城下。轒辒者，四轮车也，其下藏兵数十人，填隍推之，直就其城，木石所不能坏也。器械，飞楼、云梯、板屋、木幔之类也。距闉者，土木山乘城也。东魏高欢之围晋州，侯景之攻台城，则其器也。役约三月，恐兵久而人疲也。

将不胜其忿，而蚁附之，杀士三分之一，而城不拔者，此攻之灾也。

李筌曰：将怒而不待攻城，而使士卒肉薄登城，如蚁之所附墙，为木石所杀之者，三有一焉，而城不拔者，此攻城之灾也。

故善用兵者，屈人之兵而非战也。

李筌曰：以计屈敌，非战之屈者。晋将郭淮围麴城，蜀将姜维来救。淮趋牛头山，断维粮道及归路，维大震，不战而遁，麴城遂降。则不战而屈之义也。

拔人之城而非攻也。

李筌曰：以计取之。后汉鄋侯臧宫围妖贼于原武，连月不拔，士卒疾疠。东海王谓宫曰：『今拥兵围必死之虏，非计也。宜撤围开其生路而示之，彼必逃散，一亭长足擒也。』从之而拔原武。魏攻壶关，亦其义也。

毁人之国而非久也。

李筌曰：以术毁人国，不久而毙。隋文问仆射高颎伐陈之策。颎曰：『江外田收与中国不同。伺彼农时，我正暇豫，徵兵掩袭，彼释农守御，候其聚兵，我便解退。再三若此，彼农事疲矣。又南方地卑，舍悉茅竹，仓库储积，悉依其间，密使行人因风纵火，候其营立更为之。』行其谋，陈始病也。

必以全争于天下，故兵不顿百利可全，此谋攻之法也。

李筌曰：以全胜之计争天下，是以不顿收利也。

故用兵之法，十则围之。

李筌曰：愚智勇怯等，十倍于敌则围之，功守殊势也。

五则攻之。

李筌曰：五则攻之，攻守势殊也。

倍则分之。

李筌曰：夫兵者倍于敌，则分半为奇；我众彼寡，动而难制。苻坚至淝水，不分而败；王僧辩至张公洲，分而胜也。

敌则能战之。

李筌曰：主客力敌，惟善者战。

少则能逃之。

李筌曰：量力不如，则坚壁不出挫其锋，待其气懈，而出奇击之。齐将田单守即墨，烧牛尾即杀骑劫，则其义也。

不若则能避之。

故小敌之坚，大敌之擒也。

李筌曰：小敌不量力而坚战者，必为大敌所擒也。汉都尉李陵以步卒五千之众，对十万之军，而见殁匈奴也。

夫将者，国之辅也，辅周则国必强。

李筌曰：辅，犹助也。将才足则兵必强。

辅隙则国必弱。

李筌曰：隙，缺也。将才不备兵必弱。

故君之所以患于军者三。

不知军之不可以进，而谓之进；不知军之不可以退，而谓之退，是谓縻军。

李筌曰：縻，绊也。不知进退者，军必败；如绊骥足，无驰骋也。楚将龙且逐韩信而败，是不知其进；秦将苻融挥军少却而败，是不知其退。

不知三军之事，而同三军之政者，则军士惑矣。

李筌曰：任将不以其人也。燕将慕容评出军，所在因山泉卖樵水，贪鄙积货，为三军师不知其政也。

不知三军之权，而同三军之任，则军士疑矣。

三军既惑且疑，则诸侯之难至矣，是谓乱军引胜。

李筌曰：引，夺也。兵，权道也，不可谬而使处。赵上卿蔺相如言：『赵括徒能读其父书，然未知合变；王今以名使括，如胶柱鼓瑟。此则不知三军之权，而同三军之任。』赵王不从，果有长平之败，诸侯之难至也。

故知胜有五。

李筌曰：谓下五事也。

知可以战与不可以战者胜。

李筌曰：料人事逆顺，然后以太一遁甲算三门，遇奇五将，无关格迫胁主客之计者，必胜也。

识众寡之用者胜。

李筌曰：量力也。

上下同欲者胜。

李筌曰：观士卒心，上下同欲，如报私仇者胜。

以虞待不虞者胜。

李筌曰：有备预也。

将能而君不御者胜。

李筌曰：将在外，君命有所不受者胜，真将军也。吴伐楚，吴公子光弟夫概王至，请击楚子常，不许。夫概曰：『所谓见义而行，不待命也。今日我死，楚可入也。』以其属五千先击子常，败之。审此，则将能而君不能御也。晋宣帝拒诸葛于五丈原，天子使辛毗仗节军门曰：『敢问战者斩。』亮闻，笑曰：『苟能制吾，岂千里请战！假言天子不许，示武于众，此是不能之将。』

此五者，知胜之道也。

故曰知彼知己者，百战不殆。

李筌曰：量力而拒敌，有何危殆乎？

不知彼而知己，一胜一负。

李筌曰：自以己强，而不料敌，则胜负未定。秦主苻坚以百万之众南伐，或谓曰：『彼有人焉，谢安、桓冲，江表伟才，不可轻之。』坚曰：『我以八州之众，士马百万，投鞭可断江水，何难之有』！后果败绩，则其义也。

不知彼，不知己，每战必殆。

李筌曰：是谓狂寇，不败何待也。

四、杜牧注《孙子兵法·谋攻篇》

杜牧曰：庙堂之上，计算已定，战争之具，粮食之费，悉已用备，可以谋攻。故曰《谋攻》也。

孙子曰：凡用兵之法，全国为上，破国次之。

全军为上，破军次之。

杜牧曰：《司马法》曰：『一万五千五百人为军。』

全旅为上，破旅次之。

全卒为上，破卒次之。

全伍为上，破伍次之。

杜牧曰：五人为伍。

是故百战百胜，非善之善者也。

不战而屈人之兵，善之善者也。

杜牧曰：以计胜敌。

故上兵伐谋。

杜牧曰：晋平公欲攻齐，使范昭往观之。景公觞之。酒酣，范昭请君之樽酌。公曰：『寡人之樽进客。』范昭已饮，晏子彻樽更为酌。范昭佯醉，不悦而起舞，谓太师曰：『能为我奏成周之乐乎？吾为舞之。』太师曰：『瞑臣不习。』范昭趋出。景公曰：『晋，大国也，来观吾政。今子怒大国之使者，将奈何？』晏子曰：『观范昭非陋于礼者，且欲惭于国，臣故不从也。』太师曰：『夫成周之乐，天子之乐也，惟人主舞之；今范昭人臣，而欲舞天子乐，臣故不为也。』范昭归报晋平公曰：『齐未可伐。臣欲辱其君，晏子知之；臣欲犯其礼，太师识之。』仲尼曰：『不越樽俎之间，而折冲千里之外，晏子之谓也。』春秋时，秦伐晋，晋将赵盾御之。上军佐臾骈曰：『秦不能久，请深垒固军以待之。』秦人欲战，秦伯谓士会曰：『若何而战？』对曰：『赵氏新出其属曰臾骈，必实为此谋，将以老我师也。赵有侧室曰穿，晋君之婿也，有宠而弱，不在军事，好勇而狂，且恶臾骈之佐上军。若使轻者肆焉其可。』秦军掩晋上军，赵穿追之不及，返，怒曰：『裹粮坐甲，固敌是求，敌至不击，将何俟焉』！军吏曰：『将有待也。』穿曰：『我不知谋，将独出』！乃以其属出。赵盾曰：『秦获穿也，获一卿矣，秦以胜归，我何以报？』乃皆出战，交绥而退。夫晏子之对，是敌人将谋伐我，我先伐其谋，故敌人不得而伐我。士会之对，是我将谋伐敌，敌人有谋拒我，乃伐其谋，敌人不得与我战。斯二者，皆伐谋也。故敌欲谋我，伐其未形之谋；我若伐敌，败其已成之计，固非止于一也。

其次伐交。

杜牧曰：非止将合而已，合之者皆可伐也。张仪愿献秦地六百里于楚怀王，请绝齐交。随何于黥布坐上杀楚使者，以绝项羽。曹公与韩遂交马语，以疑马超。高洋以萧深明请和于梁，以疑侯景，终陷台城。此皆伐交。权道变化，非一途也。

其次伐兵。

其下攻城。

攻城之法，为不得已。

修橹、轒辒，具器械，三月而后成，距闉，又三月而后已。

杜牧曰：橹，即今之所谓彭排。轒辒，四轮车，排大木为之，上蒙以生牛皮，下可容十人，往来运土填堑，木石所不能伤，今俗所谓木驴是也。距闉者，积土为之，即今之所谓垒道也。三月者，一时也。言修治器械，更其距闉，皆须经时精好成就，恐伤人之甚也。《管子》曰：『不能致器者困。』言无以应敌也。太公曰：『必胜之道，器械为宝。』《汉书·志》曰：『兵之技巧，一十有三家，习手足，便器械机关，以立攻守之胜者。』夫攻城者有撞车、划钩车、飞梯、虾蟇木、解合车、狐鹿车、影车、高障车、马头车、独行车、运土豚鱼车。

将不胜其忿，而蚁附之，杀士三分之一，而城不拔者，此攻之灾也。

杜牧曰：此言为敌所辱，不胜忿怒也。后魏太武帝率十万众寇宋臧质于盱眙，太武闻始就质求酒，质封溲便与之；太武大怒，遂攻城。乃命肉薄登城，分番相代，坠而复升，莫有退者，尸与城平。复杀其高梁王。如此三旬，死者过半。太武闻城断其归路，见疾病甚众，乃解退。《传》曰：『一女乘城，可敌十夫。』以此校之，尚恐不啻。

故善用兵者，屈人之兵而非战也。

杜牧曰：周亚夫敌七国，引兵东北，壁昌邑，以梁委吴，使轻兵绝吴饷道。吴梁相弊而食竭，吴遁去，因追击，大破之。蜀将姜维使将句安、李韶守麹城，魏将陈泰围之；姜维来救，出自牛头山，与泰相对。泰曰：『兵法贵在不战而屈人，今绝牛头，维无返道，则我之擒也。诸军各守勿战，绝其还路。』维惧，遁走，安等遂降。

拔人之城而非攻也。

杜牧曰：司马文王围诸葛诞于寿春，议者多欲急攻之。文王以诞城固众多，攻之力屈，若有外救，表里受敌。此至危之道也；吾当以全策縻之，可坐制也。诞二年五月反，三年二月破灭，六军按甲，深沟高垒，而诞自困。

十六国前燕将慕容恪率兵讨段龛于广固，恪围之。诸将劝恪急攻之。恪曰：『军势有缓而克敌，有急而取之。若彼我势既均，外有强援，力足制之，当羁縻守之，以待其毙。』乃筑室反耕，严固围垒，终克广固，曾不血刃也。

毁人之国而非久也。

杜牧曰：因敌有可乘之势，不失其机，如摧枯朽。沛公入关，晋降孙皓、隋取陈氏，皆不久之。

必以全争于天下，故兵不顿而利可全，此谋攻之法也。

故用兵之法，十则围之。

杜牧曰：围者，谓四面垒合，使敌不得逃逸。凡围四合，必须去敌城稍远，占地既广，守备须严，若非兵多，则有阙漏，故用兵有十倍也。吕布败，是上下相疑，侯成执阵宫委布降，所以能擒，非曹公兵力而能取之。若上下相疑，政令不一，设使不围，自当溃叛，何况围之，固须破灭。孙子所言十则围之，是将勇智等而兵利钝均，不言敌人自有离叛。曹公称倍兵降布，盖非围之力穷也，此不可以训也。

五则攻之。

杜牧曰：术犹道也。言以五敌一，则当取己三分为三道，以攻敌之一面；留己之二，候其无备之处，出奇而乘之。西魏末，梁州刺史宇文仲和据州不受代，魏将独孤信率兵讨之，仲和婴城固守。信夜令诸将以冲梯攻其东北，信亲帅将士袭其西南，遂克之也。

倍则分之。

杜牧曰：此言非也。此言以二敌一，则当取己之一，或趣敌之要害，或攻敌之必救，使敌一分之中，复须分减相救，因以一分而击之。夫战法，非论众寡，每陈皆有奇正；非待人众，然后能设奇。项羽于乌江二十八骑，尚不聚之，犹设奇正，循环相救，况于其他哉？

敌则能战之。

杜牧曰：此说非也。凡己与敌人兵众多少、智勇利钝，一旦相敌，则可以战。夫伏兵之设，或在敌前，或在敌后，或因深林丛薄，或因暮夜昏晦，或因隘厄山阪，击敌不备，自名伏兵，非奇兵也。

少则能逃之。

杜牧曰：兵不敌，且避其锋，尚俟隙便奋决求胜。言能者，谓能忍忿受耻，敌人求挑不出也，不似曹咎汜水之战也。

不若则能避之。

杜牧曰：言不若者，势力、交援俱不如也。则须速去之，不可迁延也。如敌人守我要害，发我津梁，合围于我，则欲去不复得也。

故小敌之坚，大敌之擒也。

杜牧曰：言坚者，将性坚忍，不能逃，不能避，故为大者之所擒也。孟氏曰：小不能当大也。言小国不量其力，敢与大邦为雠，虽权时坚城固守，然后必见擒获。《春秋传》曰：『既不能强，又不能弱，所以败也。』

夫将者，国之辅也，辅周则国必强。

杜牧曰：才周也。

辅隙则国必弱。

杜牧曰：才不周也。

故君之所以患于军者三。

不知军之不可以进，而谓之进；不知军之不可以退，而谓之退，是谓縻军。

杜牧曰：犹驾御縻绊，使不自由也。君，国君也。患于军者，为军之患害也。夫授钺凶门推毂，阃外之事，将军裁之。如赵充国欲为屯田，汉宣必令决战；孙皓临灭，贾充尚请班师。此不知进退之谓也。

不知三军之事，而同三军之政者，则军士惑矣。

杜牧曰：盖谓礼度法令，自有军法从事，若使同于寻常治国之道，则军士生惑矣。至如周亚夫见天子不拜，汉文知其勇不可犯；魏尚守云中，上首级，为有司所劾，冯唐所以发愤也。

不知三军之权，而同三军之任，则军士疑矣。

杜牧曰：谓将无权智，不能铨度军士，各任所长，而雷同使之，不尽其材，则三军生疑矣。黄石公曰：『善任人者，使智、使勇、使贪、使愚；智者乐立其功，勇者好行其志，贪者邀趋其利，愚者不顾其死。』

三军既惑且疑，则诸侯之难至矣，是谓乱军引胜。

杜牧曰：言我军疑惑，自致扰乱，如引敌人使胜我也。

故知胜有五。

知可以战与不可以战者胜。

杜牧曰：下文所谓知彼知己是也。

识众寡之用者胜。

杜牧曰：先知敌之众寡，然后起兵以应之。如王翦伐荆，曰『非六十万不可』是也。

上下同欲者胜。

以虞待不虞者胜。

杜牧曰：有备预也。

将能而君不御者胜。

杜牧曰：《尉缭子》曰：『夫将者，上不制乎天，下不制乎地，中不制乎人。故兵者，凶器也；将者，死官也。』

此五者，知胜之道也。

故曰知彼知己者，百战不殆。

杜牧曰：以我之政，料敌之政；以我之将，料敌之将；以我之众，料敌之众；以我之食，料敌之食；以我之地，料敌之地。校量已定，优劣短长皆先见之，然后起兵，故有百战百胜也。

不知彼而知己，一胜一负。

杜牧曰：恃我之强，不知敌不可伐者，一胜一负。王猛将终，谏苻坚曰：『晋氏虽在江表，而正朔所禀，谢安、桓冲，江表伟人，不可伐也。』及坚南伐，曰：『吾士马百万，投鞭可济。』遂有淝水之败也。

不知彼，不知己，每战必殆。

五、陈皞注《孙子兵法·谋攻篇》

孙子曰：凡用兵之法，全国为上，破国次之。

全军为上，破军次之。

全旅为上，破旅次之。

全卒为上，破卒次之。

全伍为上，破伍次之。

是故百战百胜，非善之善者也。

陈皞曰：战必杀人故也。

不战而屈人之兵，善之善者也。

陈皞曰：韩信用李左车之计，驰咫尺之书，不战而下燕城也。

故上兵伐谋。

其次伐交。

陈皞曰：或云敌已兴师交合，伐而胜之，是其次也。若晋文公敌宋，携离曹、卫也。

其次伐兵。

其下攻城。

攻城之法，为不得已。

修橹、轒辒，具器械，三月而后成，距闉，又三月而后已。

陈皞曰：杜称橹为彭排，非也。若是彭排，即当用此楯字；曹云大楯，庶或近之。盖言候器械全具须三月，距闉又三月，已计六月；将若不待此而生忿速，必多杀士卒。故下云，将不胜其忿，而蚁附之，灾也。

将不胜其忿，而蚁附之，杀士三分之一，而城不拔者，此攻之灾也。

故善用兵者，屈人之兵而非战也。

拔人之城而非攻也。

毁人之国而非久也。

必以全争于天下，故兵不顿而利可全，此谋攻之法也。

故用兵之法，十则围之。

五则攻之。

陈皞曰：兵说五倍于敌，自是我有余力，彼之势分也，岂止分为三道以攻敌？此独说攻城。故下文云：『小敌之坚，大敌之擒也。』

倍则分之。

陈皞曰：直言我倍于敌，分兵趋其所必救，即我倍中更倍，以击敌之中分也。杜虽得之，未尽其说也。

敌则能战之。

陈皞曰：料己与敌人众寡相等，先为奇兵可胜之计，则战之。故下文云：『不若则能避之。』杜说奇伏，得之也。

少则能逃之。

陈皞曰：此说非也。但敌人兵倍于我，则宜避之，以骄其志，用为后图，非谓忍忿受耻。太宗辱宋老生以虏其众，岂是兵力不等也？

不若则能避之。

故小敌之坚，大敌之擒也。

夫将者，国之辅也，辅周则国必强。

辅隙则国必弱。

故君之所以患于军者三。

不知军之不可以进，而谓之进；不知军之不可以退，而谓之退，是谓縻军。

不知三军之事，而同三军之政者，则军士惑矣。

陈皞曰：言不知三军之事，违众沮议。《左传》称晋彘季不从军师之谋，而以偏师先进，终为楚之所败也。

不知三军之权，而同三军之任，则军士疑矣。

陈皞曰：将在军权不专制，任不自由，三军之士自然疑也。

三军既惑且疑，则诸侯之难至矣，是谓乱军引胜。

故知胜有五。

知可以战与不可以战者胜。

识众寡之用者胜。

上下同欲者胜。

陈皞曰：言上下共同其利欲，则三军无怨，敌可胜也。《传》曰：『以欲从人，则可，以人从欲，鲜济也。』

以虞待不虞者胜。

陈皞曰：谓先为不可胜之师，待敌之可胜也。

将能而君不御者胜。

此五者，知胜之道也。

故曰知彼知己者，百战不殆。

不知彼而知己，一胜一负。

陈皞曰：杜说乃是出兵无名而伐无罪，所以败也。非一胜一负之义。

不知彼，不知己，每战必殆。

六、贾林注《孙子兵法·谋攻篇》

孙子曰：凡用兵之法，全国为上，破国次之。

贾林曰：全得其国，我国亦全，乃为上。

全军为上，破军次之。

全旅为上，破旅次之。

全卒为上，破卒次之。

全伍为上，破伍次之。

是故百战百胜，非善之善者也。

贾林曰：兵威远振，全来降伏，斯为上也。诡诈为谋，摧破敌众，残人伤物，然后得之，又其次也。

不战而屈人之兵，善之善者也。

故上兵伐谋。

其次伐交。

其次伐兵。

贾林曰：善于攻取，举无遗策，又其次也。故太公曰：『争胜于白刃之前者，非良将也。』

其下攻城。

攻城之法，为不得已。

修橹、轒辒，具器械，三月而后成，距闉，又三月而后已。

将不胜其忿，而蚁附之，杀士三分之一，而城不拔者，此攻之灾也。

贾林曰：但使人心外附，士卒内离，城乃自拔。

故善用兵者，屈人之兵而非战也。

拔人之城而非攻也。

毁人之国而非久也。

贾林曰：兵不可久，久则生变。但毁灭其国，不伤残于人。若武王伐殷，殷人称为父母。

必以全争于天下，故兵不顿而利可全，此谋攻之法也。

故用兵之法，十则围之。

五则攻之。

倍则分之。

敌则能战之。

少则能逃之。

贾林曰：彼众我寡，逃匿兵形，不令敌知，当设奇伏以待之，设诈以疑之，亦取胜之道。又一云：逃匿兵形，敌不知所备，惧其变诈，全军亦逃。

不若则能避之。

故小敌之坚，大敌之擒也。

夫将者，国之辅也，辅周则国必强。

贾林曰：国之强弱，必在于将。将辅于君而才周，其国则强；不辅于君，内怀其贰，则弱。择人授任，不可不慎。

辅隙则国必弱。

故君之所以患于军者三。

不知军之不可以进，而谓之进；不知军之不可以退，而谓之退，是谓縻军。

贾林曰：军之进退，将可临时制变；君命内御，患莫大焉。故太公曰：『国不可以从外治，军不可以从中御。』

不知三军之事，而同三军之政者，则军士惑矣。

不知三军之权，而同三军之任，则军士疑矣。

三军既惑且疑，则诸侯之难至矣，是谓乱军引胜。

故知胜有五。

知可以战与不可以战者胜。

识众寡之用者胜。

上下同欲者胜。

以虞待不虞者胜。
将能而君不御者胜。
此五者，知胜之道也。
故曰知彼知己者，百战不殆。
不知彼而知己，一胜一负。
不知彼，不知己，每战必殆。

七、孟氏注《孙子兵法·谋攻篇》

孙子曰：凡用兵之法，全国为上，破国次之。
全军为上，破军次之。
全旅为上，破旅次之。
全卒为上，破卒次之。
全伍为上，破伍次之。
是故百战百姓，非善之善者也。
不战而屈人之兵，善之善者也。
孟氏曰：重庙胜也。
故上兵伐谋。
孟氏曰：九攻九拒，是其谋也。
其次伐交。
孟氏曰：交合强国，敌不敢谋。
其次伐兵。
其下攻城。

攻城之法，为不得已。
修橹、轒辒，具器械，三月而后成，距闉，又三月而后已。
将不胜其忿，而蚁附之，杀士三分之一，而城不拔者，此攻之灾也。
故善用兵者，屈人之兵而非战也。
拔人之城而非攻也。
孟氏曰：言以威刑服敌，不攻而取。若郑伯肉袒以迎楚庄王之类。
毁人之国而非久也。
必以全争于天下，故兵不顿而利可全，此谋攻之法也。
故用兵之法，十则围之。
五则攻之。
倍则分之。
敌则能战之。
少则能逃之。
不若则能避之。
故小敌之坚，大敌之擒也。
夫将者，国之辅也，辅周则国必强。
辅隙则国必弱。
故君之所以患于军者三。
孟氏曰：已下语是不知军之不可以进，而谓之进；不知军之不可以退，而谓之退。是谓縻军。
不知三军之事，而同三军之政者，则军士惑矣。
不知三军之权，而同三军之任，则军士疑矣。

三军既惑且疑，则诸侯之难至矣，是谓乱军引胜。

孟氏曰：三军之众，疑其所任，惑其所为，则邻国诸侯因其乖错，作难而至也。太公曰：『疑志不可以应敌。』

故知胜有五。

知可以战与不可以战者胜。

孟氏曰：能料知敌情，审其虚实者，胜也。

识众寡之用者胜。

上下同欲者胜。

以虞待不虞者胜。

孟氏曰：虞，度也。《左传》曰：『不备不虞，不可以师。』待敌之可胜也。

将能而君不御者胜。

此五者，知胜之道也。

故曰知彼知己者，百战不殆。

孟氏曰：审知彼己强弱利害之势，虽百战，实无危殆也。

不知彼而知己，一胜一负。

不知彼，不知己，每战必殆。

八、梅尧臣注《孙子兵法·谋攻篇》

孙子曰：凡用兵之法，全国为上，破国次之。

全军为上，破军次之。

全旅为上，破旅次之。

全卒为上，破卒次之。

全伍为上，破伍次之。

梅尧臣曰：谋之大者，全得之。

是故百战百胜，非善之善者也。

梅尧臣曰：恶乎杀伤残害也。

不战而屈人之兵，善之善者也。

故上兵伐谋。

梅尧臣曰：以智胜。

其次伐交。

梅尧臣曰：以威胜。

其次伐兵。

梅尧臣曰：以战胜。

其下攻城。

梅尧臣曰：费财役为最下。

攻城之法，为不得已。

修橹、轒辒，具器械，三月而后成，距闉，又三月而后已。

梅尧臣曰：威智不足以屈人，不获已而攻城也。治攻具须经时也。曹公曰：『橹，大楯也。轒辒，轒床也。轒床其下四轮，从中推之至城下也。器械者，机关攻守之总名，蜚梯之属也。』谓橹为大楯，非也！兵之具甚众，何独言修大楯耶？今城上守御楼曰橹。橹是轒床上革屋，以蔽矢石者欤？

将不胜其忿，而蚁附之，杀士三分之一，而城不拔者，此攻之灾也。

故善用兵者，屈人之兵而非战也。

梅尧臣曰：战则伤人。

拔人之城而非攻也。

梅尧臣曰：攻则伤财。

毁人之国而非久也。

梅尧臣曰：久则生变。

必以全争于天下，故兵不顿而利可全，此谋攻之法也。

梅尧臣曰：全争者，兵不战，城不攻，毁不久，皆以谋而屈敌，是曰『谋攻』。故不钝兵利自完。

故用兵之法，十则围之。

梅尧臣曰：彼一我十，可以围。

五则攻之。

梅尧臣曰：术犹道也。言以五敌一，则当取己三分为三道，以攻敌之一面；留己之二，候其无备之处，出奇而乘之。西魏末，梁州刺史宇文仲和据州不受代，魏将独孤信率兵讨之，仲和婴城固守。信夜令诸将以冲梯攻其东北，信亲帅将士袭其西南，遂克之也。

倍则分之。

梅尧臣曰：彼一我二，可分其势。

敌则能战之。

梅尧臣曰：势力均则战。

少则能逃之。

梅尧臣曰：彼众我寡，去而勿战。

不若则能避之。

梅尧臣曰：势力不如，则引而避。

故小敌之坚，大敌之擒也。

梅尧臣曰：不逃不避，虽坚亦擒。

夫将者，国之辅也，辅周则国必强。

辅隙则国必弱。

梅尧臣曰：得贤则周备，失士则隙缺。

故君之所以患于军者三。

梅尧臣曰：患君之所不知。

不知军之不可以进，而谓之进；不知军之不可以退，而谓之退，是谓縻军。

梅尧臣曰：君不知进退之宜，而专进退，是縻系其军，《六韬》所谓『军不可以从中御』。

不知三军之事，而同三军之政者，则军士惑矣。

梅尧臣曰：不知治军之务，而参其政，则众惑乱也。曹公引《司马法》曰，『军容不入国，国容不入军』是也。

不知三军之权，而同三军之任，则军士疑矣。

梅尧臣曰：不知权谋之道，而参其任用，则众疑贰也。

三军既惑且疑，则诸侯之难至矣，是谓乱军引胜。

梅尧臣曰：君徒知制其将，不能用其人，而乃同其政任，俾众疑惑，故诸侯之难作。是自乱其军，自去其胜。

故知胜有五。

知可以战与不可以战者胜。

梅尧臣曰：知可不可之宜。

识众寡之用者胜。

梅尧臣曰：量力而动。

上下同欲者胜。

梅尧臣曰：心齐一也。

以虞待不虞者胜。

梅尧臣曰：慎备非常。

将能而君不御者胜。

梅尧臣曰：自阃以外，将军制之。

此五者，知胜之道也。

故曰知彼知己者，百战不殆。

梅尧臣曰：彼己五者尽知之，故无败。

不知彼而知己，一胜一负。

梅尧臣曰：自知己者，胜负半也。

不知彼，不知己，每战必殆。

梅尧臣曰：一不知，何以胜？

九、王皙注《孙子兵法·谋攻篇》

王皙曰：谋攻敌之利害，当全策以取之，不锐于伐兵攻城也。

孙子曰：凡用兵之法，全国为上，破国次之。

王皙曰：若韩信举燕是也。

全军为上，破军次之。

全旅为上，破旅次之。

全卒为上，破卒次之。

全伍为上，破伍次之。

王皙曰：国、军、卒、伍，不间小大，全之则威德为优，破之则威德为劣。

是故百战百胜，非善之善者也。

不战而屈人之兵，善之善者也。

王皙曰：兵贵伐谋，不务战也。

故上兵伐谋。

王皙曰：以智谋屈人最为上。

其次伐交。

王皙曰：谓未能全屈敌谋，当且间其交，使之解散。彼交则事巨敌坚，彼不交则事小敌脆也。

其次伐兵。

王皙曰：战者危事。

其下攻城。

王皙曰：士卒杀伤，城或未克。

攻城之法，为不得已。

修橹、轒辒，具器械，三月而后成，距闉，又三月而后已。

将不胜其忿，而蚁附之，杀士三分之一，而城不拔者，此攻之灾也。

故善用兵者，屈人之兵而非战也。

王皙曰：若李左车说成安君，请以奇兵三万人，扼韩信于井陉之策是也。

拔人之城而非攻也。

王皙曰：若唐太宗降薛仁杲是也。

毁人之国而非久也。

王皙曰：久则生变。

必以全争于天下，故兵不顿而利可全，此谋攻之法也。

故用兵之法，十则围之。

五则攻之。

王皙曰：谓十围而取，五则攻者，皆势力有余，不待其虚懈也。此以下亦谓智勇利钝均耳。

倍则分之。

王皙曰：谓分者，分为二军，使其腹背受敌，则我得一倍之利也。

敌则能战之。

王皙曰：谓能者能感士卒心，得其死战耳。若设奇伏以取胜，是谓智优，不在兵敌也。

少则能逃之。

王皙曰：逃，伏也。谓能倚固逃伏以自守也。《传》曰：『师逃于夫人之宫。』或兵少而有以胜者，盖将优卒强耳。

不若则能避之。

王皙曰：将与兵俱不若，遇敌攻必败也。

故小敌之坚，大敌之擒也。

王皙曰：不逃不避，虽坚亦擒。

夫将者，国之辅也，辅周则国必强，

辅隙则国必弱。

王皙曰：周谓将贤则忠才兼备；隙谓有所缺也。

故君之所以患于军者三。

不知军之不可以进，而谓之进；不知军之不可以退，而谓之退，是谓縻军。

王皙曰：縻，系也。去此患则当托以不御之权，故必忠才兼备之臣为之将也。

不知三军之事，而同三军之政者，则军士惑矣。

不知三军之权，而同三军之任，则军士疑矣。

王皙曰：政也，权也，使不知者同之，则动有违异，必相牵制也；是则军众疑惑矣。裴度所以奏去监军平蔡州也。

此皆由君上不能专任贤将，则使同之，故通谓之三患。

三军既惑且疑，则诸侯之难至矣，是谓乱军引胜。

王皙曰：引诸侯胜已也。

故知胜有五。

知可以战与不可以战者胜。

王皙曰：可则进，否则止，保胜之道也。

识众寡之用者胜。

王皙曰：谓我对敌兵之众寡，围攻分战是也。

上下同欲者胜。

王皙曰：上下一心。若先縠刚愎以取败，吕布违异以致亡，皆上下不同欲之所致。

以虞待不虞者胜。

王皙曰：以我之虞，待敌之不虞也。

将能而君不御者胜。

王皙曰：君御能将者，不能绝疑忌耳。若贤明之主，必能知人，固当委任以责成效，推毂授钺，是其义也。攻战之事，一以专之，不从中御，所以一威且尽其才也。况临敌乘机，间不容发，安可遥制之乎？

此五者，知胜之道也。

故曰知彼知己者，百战不殆。

王皙曰：殆，危也。谓校尽彼我之情，知胜而后战，则百战不危。

不知彼而知己，一胜一负。

王皙曰：但能计己，不知敌之强弱，则或胜或负。

不知彼，不知己，每战必殆。

王皙曰：全昧于计也。

第四章 形篇

一、曹操注《孙子兵法·形篇》

曹操曰：军之形也。我动彼应，两敌相察，情也。

（按：本篇篇题，汉简本作《刑》。『刑』即『形』之古字。武经本作《军形》）。

孙子曰：昔之善战者，先为不可胜。

以待敌之可胜。

不可胜在己，可胜在敌。

曹操曰：自修理以待敌之虚懈也。

故善战者，能为不可胜。

不能使敌之可胜。

故曰：胜可知。

曹操曰：见成形也。

而不可为。

曹操曰：敌有备故也。

不可胜者，守也。

曹操曰：藏形也。

可胜者，攻也。

曹操曰：敌攻己，乃可胜。

守则不足，攻则有余。

曹操曰：吾所以守者，力不足也；所以攻者，力有余也。

善守者，藏于九地之下；善攻者，动于九天之上。故能自保而全胜也。

曹操曰：因山川丘陵之固者，藏于九地之下；因天时之变者，动于九天之上。

见胜不过众人之所知，非善之善者也。

曹操曰：当见未萌。

战胜而天下曰善，非善之善者也。

曹操曰：争锋也。

故举秋毫不为多力，见日月不为明目，闻雷霆不为聪耳。

曹操曰：易见闻也。

古之所谓善战者，胜于易胜者也。

曹操曰：原微易胜，攻其可胜，不攻其不可胜也。

故善战者之胜也，无智名，无勇功。

曹操曰：敌兵形未成胜之，无赫赫之功也。

故其战胜不忒。

不忒者，其所措必胜，胜已败者也。

曹操曰：察敌必可败，不差忒也。

故善战者，立于不败之地，而不失敌之败也。

是故胜兵先胜而后求战，败兵先战而后求胜。

曹操曰：有谋与无虑也。

善用兵者，修道而保法，故能为胜败之政。

曹操曰：善用兵者，先自修治为不可胜之道，保法度不失敌之败乱也。

兵法：一曰度。

二曰量。

三曰数。

四曰称。

五曰胜。

曹操曰：胜败之政，用兵之法，当以此五事称量，知敌之情。

地生度。

曹操曰：因地形势而度之。

度生量。

量生数。

曹操曰：知其远近、广狭，知其人数也。

数生称。

曹操曰：称量敌孰愈也。

称生胜。

曹操曰：称量之数，知其胜负所在。

故胜兵若以镒称铢，

败兵若以铢称镒。

曹操曰：轻不能举重也。

胜者之战民也，若决积水于千仞之溪者，形也。

曹操曰：八尺曰仞。决水千仞，其高势疾也。

一、杜佑注《孙子兵法·形篇》

孙子曰：昔之善战者，先为不可胜。

以待敌之可胜。

不可胜在己，可胜在敌。

杜佑曰：先咨之庙堂，虑其危难，然后高垒深沟，使兵练习，以此守备之故，待敌之阙，则可胜之。言制敌在外，故自修理，以候敌之虚懈；已见敌有阙漏之形，然后可胜。

故善战者，能为不可胜。

不能使敌之可胜。

杜佑曰：若敌晓练兵事（在己，故练兵士），策与道合，深为备者，亦不可强胜之。

故曰：胜可知。

而不可为。

杜佑曰：敌有备也。已料敌见敌形者，则胜负可知；若敌密而无形，亦不可强使为败。故范蠡曰：『时不至，不可强生；事不究，不可强成。』

不可胜者，守也。

杜佑曰：藏形也。若未见其形，彼众我寡，则自守也。

可胜者，攻也。

杜佑曰：敌攻己，乃可胜也。已见其形，彼寡我众，则可攻。

守则不足，攻则有余。

善守者，藏于九地之下；善攻者，动于九天之上。故能自保而全胜也。

杜佑曰：善守备者，务因其山川之阻，丘陵之固，使不知所攻；言其深密，藏于九地之下。善攻者，务因天时、地利、水火之变，使敌不知所备；言其雷震发动，若于九天之上也。

见胜不过众人之所知，非善之善者也。

战胜而天下曰善，非善之善者也。

故举秋毫不为多力，见日月不为明目，闻雷霆不为聪耳。

古之所谓善战者，胜于易胜者也。

故善战者之胜也，无智名，无勇功。

故其战胜不忒。

不忒者，其所措必胜，胜已败者也。

故善战者，立于不败之地，而不失敌之败也。

杜佑曰：不败之地者，为不可胜之计，使敌人必不能败我也；不失敌人之败者，言窥伺敌人可败之形，不失毫发也。

是故胜兵先胜而后求战，败兵先战而后求胜。

善用兵者，修道而保法，故能为胜败之政。

兵法：一曰度。

二曰量。

三曰数。

四曰称。

五曰胜。

地生度。

度生量。

量生数。

数生称。

称生胜。

故胜兵若以镒称铢。

败兵若以铢称镒。

胜者之战民也，若决积水于千仞之溪者，形也。

三、李筌注《孙子兵法·形篇》

李筌曰：形谓主客、攻守、八陈、五营、阴阳、向背之形。

孙子曰：昔之善战者，先为不可胜，以待敌之可胜。

不可胜在己，可胜在敌。

李筌曰：夫善用兵者：守则深壁，多具军食，善其教练；攻其城，则尚橦棚、云梯、土山、地道；陈则在山川、丘陵，背孤向虚，从疑击间，善战者掎角势连，首尾相应者，为不可胜也。夫善战者，能为不可胜，不能使敌之必可胜。故曰：胜可知而不可为；不可胜者，守也；可胜者，攻也。此数者以为可胜也。

故善战者，能为不可胜，

不能使敌之可胜。

故曰：胜可知，

而不可为。

不可胜者，守也。

可胜者，攻也。

李筌曰：夫善用兵者：守则高垒深壁也；攻则橦棚、云梯、土山、地道；陈，左川泽，右丘陵，背孤向虚，从疑击间，识辨五令以节众，掎角势连，首尾相应者，为不可胜也。无此数者，以为可胜也。

守则不足，攻则有余。

李筌曰：力不足者可以守，力有余者可以攻也。

善守者，藏于九地之下；善攻者，动于九天之上。故能自保而全胜也。

李筌曰：《天一遁甲经》云：『九天之上，可以陈兵；九地之下，可以伏藏。』常以直符加时干，后一所临宫为九天，后二所临宫为九地。地者静而利藏，天者运而利动。故魏武不明二遁，以九地为山川，九天为天时也。夫以天一太一之遁幽微，知而用之，故全也。《经》云：『知三避五，魁然独处，能知三五，横行天下。』以此法出，不拘诸咎，则其义也。

见胜不过众人之所知，非善之善者也。

李筌曰：知不出众，知非善也。韩信破赵，未餐而出井陉，曰：『破赵会食。』时诸将吒然，佯应曰：『诺。』乃背水陈。赵乘壁望见，皆大笑，言汉将不便兵也。乃破赵食，斩成安君。此则众所不知也。

战胜而天下曰善，非善之善者也。

李筌曰：争锋力战，天下易见，故非善也。

故举秋毫不为多力，见日月不为明目，闻雷霆不为聪耳。

李筌曰：易见闻也。以为攻战胜而天下不曰善也。夫智能之将，人所莫测，为之深谋，故孙武曰：『难知如阴』也。

古之所谓善战者，胜于易胜者也。

故善战者之胜也，无智名，无勇功。

李筌曰：胜敌而天下不知，何智名之有？

故其战胜不忒。

李筌曰：百战百胜，有何疑贰也。此筌以忒字为贰也。

不忒者，其所措必胜，胜已败者也。

李筌曰：置胜于已败之师，何忒焉？师老卒惰，法令不一，谓已败也。

故善战者，立于不败之地，而不失敌之败也。

李筌曰：兵得地者昌，失地者亡。地者，要害之地。秦军败赵，先据北山者胜；宋师伐燕，过大岘而胜。皆得其地也。

是故胜兵先胜而后求战，败兵先战而后求胜。

李筌曰：计与不计也。是以薛公知黥布之必败，田丰知魏武之必胜，是其义也。

善用兵者，修道而保法，故能为胜败之政。

李筌曰：以顺讨逆，不伐无罪之国，军至无虏掠，不伐树木、污井灶，所过山川、城社、陵祠，必涤而除之，不习亡国之事，谓之道法也。军严肃，有死无犯，赏罚信义立，将若此者，能胜敌之败政也。

兵法：一曰度。

二曰量。

三曰数。

四曰称。

五曰胜。

地生度。

李筌曰：既度其情，则量敌而御之。

度生量。

量生数。

李筌曰：量敌远近、强弱，须备士卒、军资之数而胜也。

数生称。

李筌曰：分数既定，贤智之多少，得贤者重，失贤者轻，如朝信之论楚汉也。须知轻重、别贤愚，而称之锱铢，则强。

称生胜。

筌曰：称知轻重，胜败之数可知也。

故胜兵若以镒称铢。

败兵若以铢称镒。

李筌曰：二十四两为镒。铢之于镒，轻重异位，胜败之数，亦复如之。

胜者之战民也，若决积水于千仞之溪者，形也。

李筌曰：八尺曰仞，言其势也。杜预伐吴，言兵如破竹，数节之后，皆迎刃自解，则其义也。

四、杜牧注《孙子兵法·形篇》

杜牧曰：因形见情。无形者情密，有形者情疏；密则胜，疏则败也。

孙子曰：昔之善战者，先为不可胜。

以待敌之可胜。

不可胜在己，可胜在敌。

杜牧曰：自整军事，长有待敌之备；闭迹藏形，使敌人不能测度。因伺敌人有可乘之便，然后出而攻之。

故善战者，能为不可胜。

杜牧曰：不可胜者，上文注解所谓修整军事、闭形藏迹是也。此事在己，故曰能为。

不能使敌之可胜。

杜牧曰：敌若无形可窥，无虚懈可乘，则我虽操可胜之具，亦安能取胜敌乎？

故曰：胜可知。

杜牧曰：敌者，但能知己之力可以胜敌也。

而不可为。

杜牧曰：言我不能使敌人虚懈，为我可胜之资。

不可胜者，守也。

杜牧曰：言未见敌人有可胜之形，己则藏形为不可胜之备，以自守也。

可胜者，攻也。

杜牧曰：敌人有可胜之形，则当出而攻之。

守则不足，攻则有余。

善守者，藏于九地之下；善攻者，动于九天之上。故能自保而全胜也。

杜牧曰：守者，韬声灭迹，幽比鬼神，在于地下，不可得而见之。攻者，势迅声烈，疾若雷电，如来天上，不可得而备也。九者，高深数之极。

见胜不过众人之所知，非善之善者也。

杜牧曰：众人之所见，破军杀将，然后知胜。我之所见，庙堂之上，樽俎之间，已知胜负者矣。

战胜而天下曰善，非善之善者也。

杜牧曰：天下，犹上文言众也。言天下人皆称战胜者，故破军杀将者也。我之善者，阴谋潜运，攻必伐谋，胜敌之日，曾不血刃。

故举秋毫不为多力，见日月不为明目，闻雷霆不为聪耳。

古之所谓善战者，胜于易胜者也。

杜牧曰：敌人之谋初有萌兆，我则潜运以能攻之；用力既少，制胜即微，故曰易胜也。

故善战者之胜也，无智名，无勇功。

杜牧曰：胜于未萌，天下不知，故无智名。曾不血刃，敌国已服，故无勇功也。

故其战胜不忒。

不忒者，其所措必胜，胜已败者也。

杜牧曰：措，犹置也。忒，差忒也。我能置胜不忒者何也？盖先见敌人已败之形，然后攻之，故能致必胜之功，不差忒也。

故善战者，立于不败之地，而不失敌之败也。

杜牧曰：不败之地者，为不可胜之计，使敌人必不能败我也。不失敌人之败者，言窥伺敌人可败之形，不失毫发也。

是故胜兵先胜而后求战，败兵先战而后求胜。

杜牧曰：《管子》曰：『天时地利，其数多少，其要必出于计数。故凡攻伐之道，计必先定于内，然后兵出乎境。

不明敌人之政，不能加也；不明敌人之积，不能约也。不明敌人之将，不见先军；不明敌人之士，不见先陈。故以众击寡，以理击乱，以富击贫，以能击不能，以教士练卒击驱众白徒，故能百战百胜。』此则先胜而后求战之义也。卫公李靖曰：『夫将之上务，在于明察而众和，谋深而虑远，审于天时，稽乎人理。若不料其能，不达权变，及临机对敌，方始趑趄，左顾右盼，计无所出，信任过说，一彼一此，进退狐疑，部伍狼藉，何异趣苍生而赴汤火，驱牛羊而啖虎狼者乎？』此则先战而后求胜之义也。

善用兵者，修道而保法，故能为胜败之政。

杜牧曰：道者，仁义也；法者，法制也。善用兵者，先修理仁义，保守法制，自为不可胜之政，伺敌有可败之隙，败攻能胜之。

兵法：一曰度。

二曰量。

三曰数。

四曰称。

五曰胜。

地生度。

杜牧曰：度者，计也。言度我国土大小，人户多少，征赋所入，兵车所籍，山河险易，道里迂直，自度此事与敌人如何，然后起兵。夫小不能谋大，弱不能击强，近不能袭远，夷不能攻险；此皆生于地，故先度也。

度生量。

杜牧曰：量者，酌量也。言度地已熟，然后能酌量彼我之强弱也。

量生数。

杜牧曰：数者，机数也。言强弱已定，然后能用机变数也。

数生称。

杜牧曰：称，校也。机权之数已行，然后可以称校彼我之胜负也。

称生胜。

杜牧曰：称校既熟，我胜敌败，分明见也。

故胜兵若以镒称铢，

败兵若以铢称镒。

胜者之战民也，若决积水于千仞之溪者，形也。

杜牧曰：夫积水在千仞之溪，不可测量，如我之守不见形也。及决水下，湍浧奔注，如我之攻不可御也。

五、陈皞注《孙子兵法·形篇》

孙子曰：昔之善战者，先为不可胜，

以待敌之可胜。

不可胜在己，可胜在敌。

故善战者，能为不可胜，

不能使敌之可胜。

故曰：胜可知，

陈皞曰：取胜于形，胜可知也。

而不可为。

不可胜者，守也。

可胜者，攻也。

守则不足，攻则有余。

善守者，藏于九地之下；善攻者，动于九天之上。故能自保而全胜也。

陈皞曰：春三月寅功曹为九天之上，申传送为九地之下；夏三月午胜先为九天之上，子神后为九地之下；秋三月申传送为九天之上，寅功曹为九地之下；冬三月子神后为九天之上，午胜先为九地之下也。

见胜不过众人之所知，非善之善者也。

战胜而天下曰善，非善之善者也。

陈皞曰：潜运其智，专伐其谋，未战而屈人之兵，乃是善之善者也。

故举秋毫不为多力，见日月不为明目，闻雷霆不为聪耳。

古之所谓善战者，胜于易胜者也。

故善战者之胜也，无智名，无勇功。

故其战胜不忒。

陈皞曰：筹不虚运，策不徒发。

不忒者，其所措必胜，胜已败者也。

故善战者，立于不败之地，而不失敌之败也。

陈皞曰：兵得地者昌，失地者亡。地者，要害之地。秦军败赵，先据北山者胜；宋师伐燕，过大岘而胜。皆得其地也。

是故胜兵先胜而后求战，败兵先战而后求胜。

善用兵者，修道而保法，故能为胜败之政。

兵法：一曰度。

二曰量。

三曰数。

四曰称。

五曰胜。

地生度。

度生量。

量生数。

数生称。

称生胜。

陈皞曰：称校既熟，我胜敌败，分明见也。

故胜兵若以镒称铢。

败兵若以铢称镒。

胜者之战民也，若决积水于千仞之溪者，形也。

六、贾林注《孙子兵法·形篇》

孙子曰：昔之善战者，先为不可胜。

以待敌之可胜。

不可胜在己，可胜在敌。

故善战者，能为不可胜。

不能使敌之可胜。

贾林曰：敌有智谋，深为己备，不能强令不己备。

故曰：胜可知。

而不可为。

贾林曰：敌若隐而无形，不可强为胜败。

不可胜者，守也。

可胜者，攻也。

守则不足，攻则有余。

善守者，藏于九地之下；善攻者，动于九天之上。故能自保而全胜也。

见胜不过众人之所知，非善之善者也。

贾林曰：守必固，攻必克，能自保全而常不失胜；见未然之胜，善知将然之败，谓实微妙通玄，非众人之所见也。

战胜而天下曰善，非善之善者也。

故举秋毫不为多力，见日月不为明目，闻雷霆不为聪耳。

古之所谓善战者，胜于易胜者也。

故善战者之胜也，无智名，无勇功。

故其战胜不忒。

不忒者，其所措必胜，胜已败者也。

贾林曰：读措为错，错，杂也。取敌之胜，理非一途，故杂而料之也。常于胜未形，已见敌之败。

故善战者，立于不败之地，而不失敌之败也。

是故胜兵先胜而后求战，败兵先战而后求胜。

贾林曰：不知彼我之情，陈兵轻进，意虽求胜，而终自败也。

善用兵者，修道而保法，故能为胜败之政。

贾林曰：常修用兵之胜道，保赏罚之法度，如此则常为胜，不能则败，故曰胜败之政也。

兵法：一曰度。

贾林曰：度，土地也。

二曰量。

贾林曰：量，人力多少，仓廪虚实。

三曰数。

贾林曰：算数也。以数推之，则众寡可知，虚实可见。

四曰称。

贾林曰：既知众寡，兼知彼我之德业轻重，才能之长短。

五曰胜。

地生度。

度生量。

量生数。

贾林曰：量地远近、广狭，则知敌人人数多少也。

数生称。

称生胜。

故胜兵若以镒称铢。

败兵若以铢称镒。

胜者之战民也，若决积水于千仞之溪者，形也。

七、孟氏注《孙子兵法·形篇》

孙子曰：昔之善战者，先为不可胜。

以待敌之可胜。

不可胜在己，可胜在敌。

故善战者，能为不可胜。

不能使敌之可胜。

故曰：胜可知。

而不可为。

不可胜者，守也。

可胜者，攻也。

守则不足，攻则有余。
善守者，藏于九地之下；善攻者，动于九天之上。故能自保而全胜也。
见胜不过众人之所知，非善之善者也。
孟氏曰：当见未萌。言两军已交，虽料见胜负，策不能过绝于人，但见近形非远。太公曰：『智与众同，非国师也。』
战胜而天下曰善，非善之善者也。
故举秋毫不为多力，见日月不为明目，闻雷霆不为聪耳。
故之所谓善战者，胜于易胜者也。
故善战者之胜也，无智名，无勇功。
故其战胜不忒。
不忒者，其所措必胜，胜已败者也。
故善战者，立于不败之地，而不失敌之败也。
是故胜兵先胜而后求战，败兵先战而后求胜。
善用兵者，修道而保法，故能为胜败之政。
兵法：一曰度。
二曰量。
三曰数。
四曰称。
五曰胜。
地生度。
度生量。
量生数。

数生称。
称生胜。
故胜兵若以镒称铢。
败兵若以铢称镒。
胜者之战民也，若决积水于千仞之溪者，形也。

八、梅尧臣注《孙子兵法·形篇》

孙子曰：昔之善战者，先为不可胜。
以待敌之可胜。
梅尧臣曰：藏形内治，伺其虚懈。
不可胜在己，可胜在敌。
故善战者，能为不可胜。
不能使敌之可胜。
梅尧臣曰：在己故能为，在敌故无必。
故曰：胜可知。
而不可为。
梅尧臣曰：敌有阙则可知，敌无阙则不可为。
不可胜者，守也。
梅尧臣曰：且有待也。
可胜者，攻也。
梅尧臣曰：见其阙也。
守则不足，攻则有余。

梅尧臣曰：守则知力不足，攻则知力有余。

善守者，藏于九地之下；善攻者，动于九天之上。故能自保而全胜也。

梅尧臣曰：九地，言深不可知；九天，言高不可测。盖守备密而攻取迅也。

见胜不过众人之所知，非善之善者也。

梅尧臣曰：人所见而见，故非善。

战胜而天下曰善，非善之善者也。

梅尧臣曰：见不过众，战虽胜，天下称之，犹不曰善。

故举秋毫不为多力，见日月不为明目，闻雷霆不为聪耳。

古之所谓善战者，胜于易胜者也。

梅尧臣曰：力举秋毫，明见日月，聪闻雷霆，不出众人之所能也。故见于著，则胜于艰；见于微，则胜于易。

故善战者之胜也，无智名，无勇功。

梅尧臣曰：大智不彰，大功不扬，见微胜易，何勇何智？

故其战胜不忒。

不忒者，其所措必胜，胜已败者也。

梅尧臣曰：睹其可败，胜则不差。

故善战者，立于不败之地，而不失敌之败也。

梅尧臣曰：善候敌隙，我则常胜。

是故胜兵先胜而后求战，败兵先战而后求胜。

梅尧臣曰：可胜而战，战则胜矣；未见可胜，胜可得乎？

善用兵者，修道而保法，故能为胜败之政。

梅尧臣曰：攻守自修，法令自保，在我而已。

兵法：一曰度。

二曰量。

三曰数。

四曰称。

五曰胜。

地生度。

梅尧臣曰：因地以度军势。

度生量。

梅尧臣曰：因度地以量敌情。

量生数。

梅尧臣曰：因量以得众寡之数。

数生称。

梅尧臣曰：因数以权轻重。

称生胜。

梅尧臣曰：因轻重以知胜负。

故胜兵若以镒称铢。

梅尧臣曰：力易举也。

败兵若以铢称镒。

梅尧臣曰：力难制也。

胜者之战民地，若决积水于千仞之溪者，形也。

梅尧臣曰：水决千仞之溪，莫测其迅；兵动九天之上，莫见其迹。此军之形也。

九、王皙注《孙子兵法·形篇》

王皙曰：形者，定形也，谓两敌强弱有定形也。善用兵者，能变化其形，因敌以制胜。

孙子曰：昔之善战者，先为不可胜，

以待敌之可胜。

不可胜在己，可胜在敌。

王皙曰：不可胜者，修道保法也；可胜者，有所隙耳。

故善战者，能为不可胜，

不能使敌之可胜。

王皙曰：在敌不在我也。

故曰：胜可知，

而不可为。

不可胜者，守也。

可胜者，攻也。

王皙曰：守者，以于胜不足；攻者，以于胜有余。

守则不足，攻则有余。

善守者，藏于九地之下；善攻者，动于九天之上。故能自保而全胜也。

王皙曰：守者，为未见可攻之利，当潜藏其形，沉静幽默，不使敌人窥测之也。攻者，为见可攻之利，当高远神速，乘其不意，惧敌人觉我而为之备也。九者，极言之耳。

见胜不过众人之所知，非善之善者也。

王皙曰：众常之人，见所以胜，而不知制胜之形。

战胜而天下曰善，非善之善者也。

王晳曰：以谋屈人，则善矣。

故举秋毫不为多力，见日月不为明目，闻雷霆不为聪耳。

王晳曰：众人之所知不为智，力战而胜人不为善。

古之所谓善战者，胜于易胜者也。

故善战者之胜也，无智名，无勇功。

故其战胜不忒。

不忒者，其所措必胜，胜已败者也。

故善战者，立于不败之地，而不失敌之败也。

王晳曰：常为不可胜，待敌可胜，不失其机。

是故胜兵先胜而后求战，败兵先战而后求胜。

善用兵者，修道而保法，故能为胜败之政。

王晳曰：法者，下之五事也。

兵法：一曰度。

王晳曰：丈尺也。

二曰量。

王晳曰：斗斛也。

三曰数。

王晳曰：百千也。

四曰称。

王晳曰：权衡也。

五曰胜。

地生度。

王皙曰：地，人所履也。举兵攻战，先本于地，由地故生度。度，所以度长短，知远近也。凡行军临敌，先须知远近之计。

度生量。

王皙曰：谓量有大小。言既知远近之计，则须更量其地之大小也。

量生数。

王皙曰：数，所以纪多少。言既知敌之大小，则更计其精劣多少之数。曹公曰：『知其人数。』

数生称。

王皙曰：称，所以知重轻，喻强弱之形势也。能尽知远近之计，大小之举，多少之数，以与敌相形，则知重轻所在。

称生胜。

王皙曰：重胜轻也。

故胜兵若以镒称铢。

败兵若以铢称镒。

王皙曰：言铢镒者，以明轻重之至也。

胜者之战民也，若决积水于千仞之溪者，形也。

王皙曰：千仞之溪，至峭绝也；喻不可胜对可胜之形，乘机攻之，决水是也。

十、何延锡注《孙子兵法·形篇》

孙子曰：昔之善战者，先为不可胜。

以待敌之可胜。

不可胜在己，可胜在敌。

故善战者，能为不可胜。

不能使敌之可胜。

故曰：胜可知。

而不可为。

何氏曰：可知之胜在我，我有备也；不可为之胜在敌，敌无形也。

不可胜者，守也。

何氏曰：未见敌人形势虚实，有可胜之理，则宜固守。

可胜者，攻也。

守则不足，攻则有余。

善守者，藏于九地之下；善攻者，动于九天之上。故能自保而全胜也。

何氏曰：九地九天，言其深微。《尉缭子》曰：『治兵者若秘于地，若邃于天。』言其秘密邃远之甚也。后汉凉州贼王国围陈仓，左将军皇甫嵩督前军董卓救之。卓欲速进赴陈仓，嵩不听。卓曰：『智者不后时，勇者不留决。速救则城全，不救则城灭。全灭之势，在于此也。』嵩曰：『不然。百战百胜，不如不战而屈人之兵。是以先为不可胜，以待敌之可胜；不可胜在我，可胜在彼。彼守不足，我攻有余；有余者动于九天之上，不足者陷于九地之下。今陈仓虽小，城守固备，非九地之陷也；王国虽强，而攻我之所不救，非九天之势也。夫势非九天，攻者受害；陷非九地，守者不拔。国今已陷受害之地，而陈仓保不拔之城，我可不烦兵动众，而取全胜之功，将何救焉』！遂不听。王国围陈仓，自冬迄春八十余日，城坚守固，竟不能拔。贼众疲弊，果自解去。

见胜不过众人之所知，非善之善者也。

战胜而天下曰善，非善之善者也。

故举秋毫不为多力，见日月不为明目，闻雷霆不为聪耳。

何氏曰：此言众人之所见所闻不足为异也。昔乌获举千钧之鼎为力，离朱百步睹纤芥之物为明，师旷听蚊行蚁步为聪也。兵之成形而见之，谁不能也？故胜于未形乃为知兵矣。

古之所谓善战者，胜于易胜者也。
何氏曰：言敌人之谋初有萌兆，我则潜运已能攻之；用力既少，制敌甚微，故曰易胜也。
故善战者之胜也，无智名，无勇功。
何氏曰：患销未形，人谁称智？不战而服，人谁言勇？汉之子房，唐之裴度能之。
故其战胜不忒。
不忒者，其所措必胜，胜已败者也。
何氏曰：善料也。
故善战者，立于不败之地，而不失敌之败也。
何氏曰：自恃有备则无患，常伺敌隙则胜之，不失也。立于不败之地，利也，言我常为胜所。
是故胜兵先胜而后求战，败兵先战而后求胜。
何氏曰：凡用兵先定必胜之计，而后出军。若不先谋，唯欲恃强，胜未必也。
善用兵者，修道而保法，故能为胜败之政。
兵法：一曰度。
二曰量。
三曰数。
四曰称。
五曰胜。
地生度。
何氏曰：地者，远近、险易也。度，计也。未出军，先计敌国之险易，道路迂直，兵甲孰多，勇怯孰是。计度可伐，然后兴师动众，可以成功。
度生量。

何氏曰：量酌彼已之形势。

量生数。

何氏曰：数，机变也。先酌量彼我强弱利害，然后为机数。

数生称。

何氏曰：称，校也。机权之数已行，然后可以称校彼我之胜负也。

称生胜。

何氏曰：上五事，未战先计必胜之法。故孙子引古法以疏胜败（则）之要也。

故胜兵若以镒称铢，

败兵若以铢称镒。

胜者之战民也，若决积水于千仞之溪者，形也。

第五章 势 篇

一、曹操注《孙子兵法·势篇》

曹操曰：用兵任势也。

孙子曰：凡治众如治寡，分数是也。

曹操曰：部曲为分，什伍为数。

斗众如斗寡，形名是也。

曹操曰：旌旗曰形，金鼓曰名。

三军之众，可使必受敌而无败者，奇正是也。

曹操曰：先出合战为正，后出为奇。

兵之所加，如以碫投卵者，虚实是也。

曹操曰：以至实击至虚。

凡战者，以正合，以奇胜。

曹操曰：正者当敌，奇兵从傍击不备也。

故善出奇者，无穷如天地。

不竭如江河。

终而复始，日月是也；死而复生，四时是也。

声不过五。

五声之变，不可胜听也。

色不过五。

五色之变，不可胜观也。味不过五。

五味之变，不可胜尝也。

曹操曰：自无穷如天地已下，皆以喻奇正之无穷也。

战势不过奇正，奇正之变，不可胜穷也。

奇正相生，如循环之无端，孰能穷之？

激水之疾，至于漂石者，势也。

鸷鸟之疾，至于毁折者，节也。

曹操曰：发起击敌。

是故善战者，其势险。

曹操曰：险，犹疾也。

其节短。

曹操曰：短，近也。

势如彍弩，节如发机。

曹操曰：在度不远，发则中也。

纷纷纭纭，斗乱而不可乱也；浑浑沌沌，形圆而不可败也。

曹操曰：旌旗乱也；示敌若乱，以金鼓齐之。卒骑转而形圆者，出入有道齐整也。

乱生于治，怯生于勇，弱生于强。

曹操曰：皆毁形匿情也。

治乱，数也。

曹操曰：以部曲分名数为之，故不乱也。

勇怯，势也。

强弱，形也。

曹操曰：形势所宜。

故善动敌者，形之，敌必从之。

曹操曰：见羸形也。

予之，敌必取之。

曹操曰：以利诱敌，敌远离其垒，而以便势击其空虚孤特也。

以利动之，以卒待之。

曹操曰：以利动敌也。

故善战者，求之于势，不责于人。

故能择人而任势。

曹操曰：求之于势者，专任权也。不责于人者，权变明也。

任势者，其战人也，如转木石；木石之性，安则静，危则动，方则止，圆则行。

曹操曰：任自然势也。

故善战人之势，如转圆石于千仞之山者，势也。

二一、杜佑注《孙子兵法·势篇》

孙子曰：凡治众如治寡，分数是也。

斗众如斗寡，形名是也。

三军之众，可使必受敌而无败者，奇正是也。

兵之所加，如以碫投卵者，虚实是也。

凡战者，以正合，以奇胜。

故善出奇者，无穷如天地。

不竭如江河。

杜佑曰：言应变出奇无穷竭。

终而复始，日月是也；死而复生，四时是也。

杜佑曰：日月运行，入而复出；四时更王，兴而复废。言奇正变化，或若日月之进退，四时之盛衰也。

声不过五。

五声之变，不可胜听也。

色不过五。

五色之变，不可胜观也。

味不过五。

五味之变，不可胜尝也。

战势不过奇正，奇正之变，不可胜穷也。

奇正相生，如循环之无端，孰能穷之？

激水之疾，至于漂石者，势也。

杜佑曰：言水性柔弱，石性刚重，至于漂转大石，投之洿下，皆由急疾之流，激得其势。

鸷鸟之疾，至于毁折者，节也。

杜佑曰：发起讨敌，如鹰鹯之攫撮也，必能挫折禽兽者，皆由伺候之明，邀得屈折之节也。王子曰：『鹰隼一击，百鸟无以争其势；猛虎一奋，万兽无以争其威。』

是故善战者，其势险，其节短。

杜佑曰：短，近也；节，断也。短近，言能因危取胜，以卒击近也。

势如彍弩，节如发机。

纷纷纭纭，斗乱而不可乱也；浑浑沌沌，形圆而不可败也。

杜佑曰：旌旗乱也；示敌若乱，以金鼓齐之。纷纷，旗像；纭纭，士卒貌。言旌旗翻转，一合一离；士卒进退，或往或来，视之若散，扰之若乱。然其法令素定，度职分明，各有分数，扰而不乱者。车骑齐转，形圆者，出入有道，齐整也。浑浑，车轮转行；沌沌，步骤奔驰。视其行陈纵横，圆而不方，然而指趋，各有所应。故王子曰：『将欲内明而外暗，内治而外混，所以示敌之轻己者也。』

乱生于治，怯生于勇，弱生于强。

治乱，数也。

勇怯，势也。

强弱，形也。

故善动敌者，形之，敌必从之。

予之，敌必取之。

以利动之，以卒待之。

故善战者，求之于势，不责于人。

杜佑曰：言胜负之道，自图于中，不求之下，责怒师众，强使力进也。若秦穆悔过，不替孟明也。

故能择人而任势。

杜佑曰：权变之明，能简置于人，任己之形势也。

任势者，其战人也，如转木石；木石之性，安则静，危则动，方则止，圆则行。

杜佑曰：言投之安地则安，投之危地则危，不知有所回避也。任势，自然也。方圆之形，犹兵胜负之形。

故善战人之势，如转圆石于千仞之山者，势也。

三、李筌注《孙子兵法·势篇》

李筌曰：陈以形成，如决建瓴之势，故以是篇次之。

孙子曰：凡治众如治寡，分数是也。

李筌曰：善用兵者，将鸣一金，举一旌，而三军尽应；号令既定，如寡焉。

斗众如斗寡，形名是也。

三军之众，可使必受敌而无败者，奇正是也。

李筌曰：当敌为正，傍出为奇。将三军无奇兵，未可与人争利。汉吴王濞拥兵入大梁，吴将田伯禄说吴王曰：『兵屯聚而西，无分（他）奇道，难以立功。臣愿得五万人，别循江淮而上，收淮南长沙，入武关，与大王会。此亦一奇也。』不从。遂为周亚夫所败。此则有正无奇。

兵之所加，如以碫投卵者，虚实是也。

李筌曰：碫实卵虚，以实击虚，其势易也。

凡战者，以正合，以奇胜。

李筌曰：战无其诈，难以胜敌。

故善出奇者，无穷如天地。

李筌曰：动静也。

不竭如江河。

李筌曰：通流不绝。

终而复始，日月是也；死而复生，四时是也。

李筌曰：奇变如日月四时，亏盈寒暑不停。

声不过五。

李筌曰：宫、商、角、徵、羽也。

五声之变，不可胜听也。

李筌曰：变入八音，奏乐之曲，不可尽听。

色不过五。

李筌曰：青、黄、赤、白、黑也。

五色之变，不可胜观也。味不过五。

李筌曰：酸、辛、咸、甘、苦也。

五味之变，不可胜尝也。

李筌曰：五味之变，庖宰鼎饪也。

战势不过奇正，奇正之变，不可胜穷也。

李筌曰：邀截掩袭，万途之势，不可穷尽也。

奇正相生，如循环之无端，孰能穷之？

李筌曰：奇正相依而生，如环团圆，不可穷端倪也。

激水之疾，至于漂石者，势也。

鸷鸟之疾，至于毁折者，节也。

李筌曰：柔势可以转刚，况于兵者乎？弹射之所以中飞鸟者，善于疾而有节制。

是故善战者，其势险。

李筌曰：险，犹疾也。

其节短。

李筌曰：短，近也。

势如彍弩，节如发机。

李筌曰：弩不疾则不远，矢不近则不中。势尚疾，节务速。杜牧曰：彍，张也。如弩已张，发则杀人，故上文云其势险也。机者，固须以近节量之，然后必能中，故上文云其节短，短乃近也。此言战陈不可远逐敌人，恐有队伍离散断绝，反为敌所乘也。故《牧野誓》曰：『六步、七步，四伐、五伐。』是以近也。

纷纷纭纭，斗乱而不可乱也；浑浑沌沌，形圆而不可败也。

李筌曰：纷纭而斗，示如可乱；建旌有部，鸣金有节，是以不可乱也。浑沌，合杂也；形圆，无向背也。示敌可败而不可败者，号令齐整也。

乱生于治，怯生于勇，弱生于强。

李筌曰：恃治之整，不抚其下而多怨，其乱必生。秦并天下，销兵焚书，以列国为郡县，而秦自称始皇，都关中，以为至万代有之。至胡亥矜骄，陈胜、吴广乘弊而起，所谓乱生于治也。以勇陵人，为敌所败。秦王苻坚鼓行伐晋，勇也；及其败，闻风声鹤唳，以为晋军，是其怯也，所谓怯生于勇也。吴王夫差兵无敌于天下，陵齐于黄池，陵越于会稽，是其强也；为越所败，城门不守，兵围王宫，杀夫差而并其国，所谓弱生于强也。

治乱，数也。

李筌曰：历数也。百六之灾，阴阳之数，不由人兴，时所会也。

勇怯，势也。

李筌曰：夫兵得其势，则怯者勇；失其势，则勇者怯。兵法无定，惟因势而成也。

强弱，形也。

故善动敌者，形之，敌必从之。

李筌曰：善诱敌者，军或强，能进退其敌也。晋人伐齐，斥山泽之险，虽所不至，必旆而疏陈之，舆曳柴从之。齐人登山而望晋师，见旌旗扬尘，谓其众而夜遁。则晋弱齐为强也。齐伐魏，将田忌用孙膑谋，减灶而趋大梁。魏将庞涓逐之，曰：『齐鲁何其怯也！入吾境亡者半矣。』及马陵，为齐人所败，杀庞涓，虏魏太子而旋。形以弱，而敌从之也。

予之，敌必取之。

以利动之，以卒待之。

李筌曰：后汉大司马邓禹之攻赤眉也，赤眉佯北，弃辎重而遁；车皆载土，覆之以豆。禹军乏食，竞趋之，不为行列。赤眉伏兵奄至击之，禹大败。则其义也。

故善战者，求之于势，不责于人。

故能择人而任势。

李筌曰：得势而战，人怯者能勇，故能择其所能任之。夫勇者可战，谨慎者可守，智者可说，无弃物也。

任势者，其战人也，如转木石；木石之性，安则静，危则动，方则止，圆则行。

李筌曰：任势御众，当如此也。

故善战人之势，如转圆石于千仞之山者，势也。

李筌曰：蒯通以为坂上走丸，言其易也。

四、杜牧注《孙子兵法·势篇》

孙子曰：凡治众如治寡，分数是也。

杜牧曰：分者，分别也；数者，人数也。言部曲行伍，皆分别其人数多少，各任偏裨长伍，训练升降，皆责（贵）成之，故我所治者寡也。韩信曰『多多益善』是也。

斗众如斗寡，形名是也。

杜牧曰：旌旗钟鼓，敌亦有之，我安得独为形名，斗众如斗寡也？夫形者，陈形也；名者，旌旗也。战法曰：『陈间容陈，足曳白刃。』故大陈之中，复有小陈，各占地分，皆有陈形。旗者各依方色，或认以鸟兽，某将某陈，自有名号。形名已定，志专势孤，人自为战，败则自败，胜则自胜，战百万之兵，如战一夫。此之是也。

三军之众，可使必受敌而无败者，奇正是也。

杜牧曰：解在下文。

兵之所加，如以碫投卵者，虚实是也。

凡战者，以正合，以奇胜。

故善出奇者，无穷如天地。

不竭如江河。

终而复始，日月是也；死而复生，四时是也。

声不过五。

五声不变，不可胜听也。

色不过五。

五色之变，不可胜观也。味不过五。

五味之变，不可胜尝也。

杜牧曰：自无穷如天地已下，皆喻八陈奇正也。

战势不过奇正，奇正之变，不可胜穷也。

奇正相生，如循环之无端，孰能穷之？

激水之疾，至于漂石者，势也。

鸷鸟之疾，至于毁折者，节也。

杜牧曰：势者，自高注下，得险疾之势，故能漂石也。节者，节量远近则搏之，故能毁折物也。

是故善战者，其势险。

杜牧曰：险者，言战争之势，发则杀人，故下文喻如彍弩。

其节短。

杜牧曰：言以近节也。如鸷鸟之发，近则搏之，力全志专，则必获也。

势如彍弩，节如发机。

纷纷纭纭，斗乱而不可乱也；浑浑沌沌，形圆而不可败也。

杜牧曰：此言陈法也。《风后握奇文》曰：『四为正，四为奇，余奇为握奇。音机，或总称之，先出游军定两端。』此之是也。奇者，零也。陈数有九，中心有零者，大将握之不动，以制四面八陈，而取准则焉。其人之列，面面相向，背背相承也。《周礼》蒐苗狝狩，车骤徒趋，及表乃止，进退疾徐，疏密之节，一如战陈。表乃旗也。旗者，盖与民期于下也。《握奇文》曰：『先出游军定两端。』盖游军执本方旗，先定地界，然后军士赴之，兵于旗下，乃出奇正，变为陈也。《周礼》蒐苗狝狩，车骤徒趋，及表乃止。此则八陈遗制，《握奇》之文，止此而已，其余之词，乃后之作者增加之，以重难其事耳。夫五兵之利，无如弧矢之利，以威天下，五兵同致，天独有弧矢星，圣人独言弧矢能威天下，不言他兵，何也？盖战法利于弧矢者，非得陈不见其利。故黄帝胜于蚩尤，以中夏车徒，制夷虏骑士，此乃弧矢之利也。在于近代，可以验之者，晋武时，羌陷凉州，司马督马隆请募勇士三千平之。募腰引弩三十钧，弓四钧，立标简试。军西渡温水，虏树机能，以众万计遏隆。隆依八陈法，且战且前，弓矢所人皆应弦而倒，诛杀万计，凉州遂平。隋时，突厥入寇，杨素击之。先是诸将与虏战，每虞胡骑奔突，皆戎车徒步相参，舁鹿角为方陈，骑在其内。素至，悉除旧法，令诸军各为步骑。突厥闻之，以手加额，仰天（大）曰：『天赐我也』！大率精骑十余万而至。素一战大破之。此乃以徒步制骑士，若非有陈法，知开阖首尾之道，安能致胜也？《曲礼》曰：『行，前朱雀而后玄武，左青龙而右白虎，招摇在上，急缮其怒。』郑司农云：『以四兽为军陈，象天也。』孔疏曰：『此言军行象天文而作陈法，但不知作之何如耳。』何彻云：『画此四兽于旌旗上，以标前后左右之陈也。急缮其怒，言其卒之劲利威怒，如天之怒也。招摇，北斗杓等七星也，举此则六星可知也。陈象天文，即北斗也。』复曰：『进退有度。』郑司农注曰：『度，谓伐与步数也。』孔疏曰：『如《牧野誓》云，六步、七步，四伐、五伐是也。』复曰：『左右有局。』郑司农注曰：『局是步分。』孔疏曰：『言军之左右，各有部分，进则就敌，退则就列，不相差滥也。』下文复曰：『父之仇，弗与共戴天；兄弟之仇，不返兵；交游之仇，不同国。四郊多垒，此卿大夫之辱也。』此言仇辱至于战争，期在必胜，固不可不知陈法也。其文故相次而言，乃圣贤之深旨矣。《军志》曰：『陈间容陈，足曳白刃；队间容队，可与敌对。前御其前，后当其后，左防其左，右防其右。行必鱼贯，立必雁行，长以参短，短以参长。回军转陈，以前为后，以后为前，进无奔进，退无违走。四头八尾，触处为首，敌冲其中，两头俱救。』此亦与《曲礼》之说同。数起于五，而终于八。今夔州州前诸葛武侯以石纵横八行，布为方陈，奇正之出，皆生于此。奇亦为正之正，正亦为奇之奇，彼此相用，循环无穷也。诸葛出斜谷，以兵少，但能正用六数，今盩厔司竹园乃有旧垒。司马懿以十万步骑，不敢决战，盖知其能也。

乱生于治，怯生于勇，弱生于强。

杜牧曰：言欲伪为乱形以诱敌人，先须至治，然后能为伪乱也。欲伪为怯形以伺敌人，先须至勇，然后能为伪怯也。欲伪为弱形以骄敌人，先须至强，然后能为伪弱也。

治乱，数也。

杜牧曰：言行伍各有分画，部曲皆有名数，故能为治，然后能为伪乱也。夫为伪乱者，出入不时，樵采纵横，刁斗不严是也。

勇怯，势也。

杜牧曰：言以勇为怯者也，见有利之势而不动，敌人以我为实怯也。

强弱，形也。

杜牧曰：以强为弱，须示其形，匈奴冒顿示娄敬以羸老是也。

故善动乱者，形之，敌必从之。

杜牧曰：非止于羸弱也。言我强敌弱，则示以羸形，动之使来；我弱敌强，则示之以强形，动之使去。敌之动作，皆须从我。孙膑曰：『齐国号怯，三晋轻之。令入魏境为十万灶，明日为五万灶。』魏庞涓逐之，曰：『齐虏何怯也！入吾境土，亡者太半。』因急追之。至马陵，道狭，膑乃斫木书之曰：『庞涓死此树下。』伏弩于侧，令曰：『见火始发。』涓至，钻燧读之，万弩齐发，庞涓死。此乃示以羸形，能动庞涓，遂来从我而杀之也。隋炀帝于雁门为突厥始毕可汗所围，太宗应募救援，隶将军云定兴营。将行，谓定兴曰：『必多赍旗鼓，以设疑兵。且始毕可汗敢围天子，必以我仓卒无援；我张吾军容，今数十里昼则旌旗相续，夜则钲鼓相应，虏必以为救兵云集，睹尘而遁。不然，彼众我寡，不能久矣。』定兴从之。师次崞县，始毕遁去。此乃我弱敌强，示之以强，动之令去。故敌之来去，一皆从我之形也。

予之，敌必取之。

杜牧曰：曹公与袁绍相持官渡，曹公循河而西，绍于是渡河追公。公营南阪，下马解鞍。时白马辎重就道，诸将以为敌骑多，不如还营。荀攸曰：『此所以饵敌也，安可去之？』绍将文丑与刘备将五六千骑，前后继至，或分趋辎重。公曰：『可矣。』乃皆上马，时骑不满六百人，遂大破之，斩文丑。

以利动之，以卒待之。

杜牧曰：以利动敌，敌既从我，则严兵以待之。上文所解是也。

故善战者，求之于势，不责于人。

故能择人而任势。

杜牧曰：言善战者先料兵势，然后量人之材，随短长以任之，不责成于不材者也。曹公征张鲁于汉中，张辽、李典、乐进将七千余人守合淝，教与护军薛悌，署函边曰：『贼至乃发。』俄而吴孙权十万人众围合淝，乃共发教曰：『若孙权至者，张、李将军出战，乐将军守，护军勿得与战。』诸将皆疑。辽曰：『公征在外，比救至，彼破我必矣。是以教及其未合逆击之，折其威势，以安众心，然后可守。成败之机，在此一举。』典与辽同出，果大破孙权，吴人夺气。还修守备，众心乃安。权攻城，十日不拔，乃退。孙盛论曰：『夫兵，诡道也。至于合淝之守，悬弱无援，专任勇者，则好战生患；专任怯者，则惧心难保。且彼众我寡，众者必怀贪惰；我以致命之师，击贪惰之卒，其势必胜。胜而后守，则必固矣。是以魏武杂选武力，参以异同，为之密教，节宣其用，事至而应，若合符契也。』

任势者，其战人也，如转木石；木石之性，安则静，危则动，方则止，圆则行。

故善战人之势，如转圆石于千仞之山者，势也。

杜牧曰：转石于千仞之山，不可止遏者，在山不在石也。战人有百胜之勇，强弱一贯者，在势不在人也。杜公元凯曰：『昔乐毅藉济西一战，能并强齐。今兵威已成，如破竹，数节之后，迎刃自解，无复著手，此势也。势不可失。』乃东下建邺，终灭吴。此篇大抵言兵贵任势，以险迅疾速为本，故能用力少而得功多也。

五、陈皞注《孙子兵法·势篇》

孙子曰：凡治众如治寡，分数是也。

陈皞曰：若聚兵既众，即须多为部队，部伍之内，各有小吏以主之；故分其人数，使之训齐决断，遇敌临陈，授以方略，则我统之虽众，治之益寡。

斗众如斗寡，形名是也。

陈皞曰：夫军士既众，分布必广，临陈对敌，递不相知，故设旌旗之形，使各认之。进退迟速，又不相闻，故设金鼓以节之。所以令之曰：『闻鼓则进，闻金则止。』曹说是也。

三军之众，可使必受敌而无败者，奇正是也。

兵之所加，如以碫投卵者，虚实是也。

凡战者，以正合，以奇胜。

故善出奇者，无穷如天地。

不竭如江河。

终而复始，日月是也；死而复生，四时是也。

声不过五。

五声之变，不可胜听也。

色不过五。

五色之变，不可胜观也。味不过五。

五味之变，不可胜尝也。

战势不过奇正，奇正之变，不可胜穷也。

奇正相生，如循环之无端，孰能穷之？

激水之疾，至于漂石者，势也。

鸷鸟之疾，至于毁折者，节也。

是故善战者，其势险。

其节短。

势如旷弩，节如发机。

陈皞曰：弩之发机，近则易中；战之遇敌，疾则易捷。若趋驰不速，奋击不近，则不能克敌而全胜。

纷纷纭纭，斗乱而不可乱也；浑浑沌沌，形圆而不可败也。

乱生于治，怯生于勇，弱生于强。

治乱，数也。

勇怯，势也。

陈皞曰：勇者，奋速也；怯者，淹缓也。敌人见我欲进不进，即以我为怯也，必有轻易之心；我因其懈惰，假势以攻之。龙且轻韩信，郑人诱我师是也。

强弱，形也。

陈皞曰：楚王毁中军以张随人，用为后图，此类也。

故善动敌者，形之，敌必从之。

予之，敌必取之。

以利动之，以卒待之。

故善战者，求之于势，不责于人。

故能择人而任势。

陈皞曰：善战者专求于势，见利速进，不为敌先，专任机权，不责成于人。苟不获已而用人，即须择而任之。一作『故能择人而任之』。诸家作『任势』者多矣。

任势者，其战人也，如转木石；木石之性，安则静，危则动，方则止，圆则行。

故善战人之势，如转圆石于千仞之山者，势也。

六、贾林注《孙子兵法·势篇》

孙子曰：凡治众如治寡，分数是也。

斗众如斗寡，形名是也。

三军之众，可使必受敌而无败者，奇正是也。

贾林曰：当敌以正陈取胜，以奇兵前后、左右俱能相应，则常胜而不败也。

兵之所加，如以碫投卵者，虚实是也。

凡战者，以正合，以奇胜。

故善出奇者，无穷如天地。

不竭如江河。

终而复始，日月是也；死而复生，四时是也。

声不过五。

五声之变，不可胜听也。

色不过五。

五色之变，不可胜观也。味不过五。

五味之变，不可胜尝也。

战势不过奇正，奇正之变，不可胜穷也。

奇正相生，如循环之无端，孰能穷之？

激水之疾，至于漂石者，势也。

鸷鸟之疾，至于毁折者，节也。

是故善战者，其势险。

其节短。

势如彍弩，节如发机。

贾林曰：战之势，如弩之张；兵之势，如机之发。

纷纷纭纭，斗乱而不可乱也；浑浑沌沌，形圆而不可败也。

乱生于治，怯生于勇，弱生于强。
贾林曰：恃治则乱生，恃勇强则怯弱生。
治乱，数也。
贾林曰：治乱之分，各有度数。
勇怯，势也。
强弱，形也。
故善动敌者，形之，敌必从之。
予之，敌必取之。
以利动之，以卒待之。
故善战者，求之于势，不责于人。
故能择人而任势。
贾林曰：读为择人而任势，言示以必胜之势，使人从之，岂更外责于人，求其胜败。择勇怯之人，任进退之势。
任势者，其战人也，如转木石；木石之性，安则静，危则动，方则止，圆则行。
故善战人之势，如转圆石于千仞之山者，势也。

七、孟氏注《孙子兵法·势篇》

孙子曰：凡治众如治寡，分数是也。
孟氏曰：分，队伍也；数，兵之大数也。分数多少，制置先定。
斗众如斗寡，形名是也。
三军之众，可使必受敌而无败者，奇正是也。
兵之所加，如以碬投卵者，虚实是也。
孟氏曰：碬，石也。兵若训练至整，部领分明，更能审料敌情，委知虚实，后以兵而加之，实同以碬碬投卵也。

凡战者，以正合，以奇胜。
故善出奇者，无穷如天地。
不竭如江河。
终而复始，日月是也；死而复生，四时是也。
声不过五。
五声之变，不可胜听也。
色不过五。
五色之变，不可胜观也。
味不过五。
五味之变，不可胜尝也。
战势不过奇正，奇正之变，不可胜穷也。
孟氏曰：《六韬》云：『奇正发于无穷之源。』
奇正相生，如循环之无端，孰能穷之？
激水之疾，至于漂石者，势也。
孟氏曰：势峻，则巨石虽重不能止。
鸷鸟之疾，至于毁折者，节也。
是故善战者，其势险。
其节短。
孟氏曰：言以近节也。如鸷鸟之发，近则搏之，力全志专，则必获也。
势如彍弩，节如发机。
纷纷纭纭，斗乱而不可知也；浑浑沌沌，形圆而不可败也。

乱生于治，怯生于勇，弱生于强。

治乱，数也。

勇怯，势也。

孟氏曰：勇者，奋速也；怯者，淹缓也。敌人见我欲进不进，即以我为怯也，必有轻易之心；我因其懈惰，假势以攻之。龙且轻韩信，郑人诱我师是也。

强弱，形也。

故善动乱者，形之，敌必从之。

予之，敌必取之。

以利动之，以卒待之。

故善战者，求之于势，不责于人。

故能择人而任势。

任势者，其战人也，如转木石；木石之性，安则静，危则动，方则止，圆则行。

故善战人之势，如转圆石于千仞之山者，势也。

八、梅尧臣注《孙子兵法·势篇》

孙子曰：凡治众如治寡，分数是也。

梅尧臣曰：『分数』，谓部曲也。偏裨各有部分，与其人数，若师、旅、卒两之属。

斗众如斗寡，形名是也。

梅尧臣曰：形以旌旗，名以采章，指麾应速，无有后先。

三军之众，可使必受敌而无败者，奇正是也。

梅尧臣曰：动为奇，静为正；静以待之，动以胜之。

兵之所加，如以碫投卵者，虚实是也。

梅尧臣曰：碫，石也。以实击虚，犹以坚破脆也。

凡战者，以正合，以奇胜。

梅尧臣曰：用正合战，用奇胜敌。

故善出奇者，无穷如天地。

不竭如江河。

终而复始，日月是也；死而复生，四时是也。

声不过五。

五声之变，不可胜听也。

色不过五。

五色之变，不可胜观也。

味不过五。

五味之变，不可胜尝也。

战势不过奇正，奇正之变，不可胜穷也。

梅尧臣曰：奇正之变，犹五声、五色、五味之变，无尽也。

奇正相生，如循环之无端，孰能穷之？

梅尧臣曰：变动周旋之不极。

激水之疾，至于漂石者，势也。

鸷鸟之疾，至于毁折者，节也。

梅尧臣曰：水虽柔，势迅则漂石；鸷虽微，节劲则折物。

是故善战者，其势险。

其节短。

梅尧臣曰：险则迅，短则劲；故战之势，当险疾而短近也。

势如彍弩，节如发机。

梅尧臣曰：彍，彍张也。如弩之张，势不逡巡；如机之发，节近易中也。

纷纷纭纭，斗乱而不可乱也；浑浑沌沌，形圆而不可败也。

梅尧臣曰：分数已定，形名已立，离合散聚，似乱而不能乱。形无首尾，应无前后，阳旋阴转，欲败而不能败。

乱生于治，怯生于勇，弱生于强。

梅尧臣曰：治则能伪为乱，勇则能伪为怯，强则能伪为弱。

治乱，数也。

梅尧臣曰：以治为乱，存之乎分数。

勇怯，势也。

梅尧臣曰：以勇为怯，示之以不取。

强弱，形也。

梅尧臣曰：以强为弱，形之以羸弱。

故善动敌者，形之，敌必从之。

梅尧臣曰：形乱弱而必从。

予之，敌必取之。

梅尧臣曰：示畏怯而必取。

以利动之，以卒待之。

梅尧臣曰：以上数事，动，诱。动而从我，则以精卒待之。

故善战者，求之于势，不责于人。

故能择人而任势。

梅尧臣曰：用人以势则易，责人以力则难；能者当在择人而任势。

任势者，其战人也，如转木石；木石之性，安则静，危则动，方则止，圆则行。

梅尧臣曰：木石，重物也，易以势动，难以力移。三军，至众也，可以势战，不可以力使，自然之道也。

故善战人之势，如转圆石于千仞之山者，势也。

梅尧臣曰：圆石在山屹然，其势一人推之，千人莫制也。

九、王晳注《孙子兵法·势篇》

王晳曰：势者，积势之变也。善战者能任势以取胜，不劳力也。

孙子曰：凡治众如治寡，分数是也。

王晳曰：分数，谓部曲也。偏裨各有部分，与其人数，若师、旅、卒、两之属。

斗众如斗寡，形名是也。

王晳曰：曹公曰：『旌旗曰形，金鼓曰名。』晳谓形者，旌旗金鼓之制度；名者，各有其名号也。

三军之众，可使必受敌而无败者，奇正是也。

王晳曰：『必』当作『毕』，字误也。奇正还相生，故毕受敌而无败也。

兵之所加，如以碫投卵者，虚实是也。

王晳曰：碫，冶铁也。

凡战者，以正合，以奇胜。

故善出奇者，无穷如天地。

不竭如江河。

终而复始，日月是也；死而复生，四时是也。

声不过五。

五声之变，不可胜听也。

色不过五。
五色之变，不可胜观也。
味不过五。
五味之变，不可胜尝也。
战势不过奇正，奇正之变，不可胜穷也。
王皙曰：奇正者，用兵之钤键，制胜之枢机也。临敌运变，循环不穷，穷则败也。
奇正相生，如循环之无端，孰能穷之？
王皙曰：敌不能穷我也。
激水之疾，至于漂石者，势也。
鸷鸟之疾，至于毁折者，节也。
王皙曰：鸷鸟之疾，亦势也，由势然后有搏击之节。下要云险，故先取漂石以喻也。
是故善战者，其势险。
王皙曰：险者，折以致其疾也；如水得险隘而成势。
其节短。
王皙曰：鸷之能搏者，发必中，来势远而所搏之节至短也。兵之乘机，当如是耳。曹公曰：『短者，近也。』
势如彍弩，节如发机。
王皙曰：战势如弩之张者，所以有待也；待其有可乘之势，如发其机。
纷纷纭纭，斗乱而不可乱也；浑浑沌沌，形圆而不可败也。
王皙曰：曹公曰：『旌旗乱也；示敌若乱，以金鼓齐之矣。』皙谓纷纭，斗乱之貌也。不可乱者，节制严明耳。
又曹公曰：『车骑转而形圆者，出入有道齐整也。』皙谓浑沌形圆，不测之貌也；不可败者，无所隙缺，又不测故也。
乱生于治，怯生于勇，弱生于强。

王皙曰：治则能伪为乱，勇则能伪为怯，强则能伪为弱。

治乱，数也。

王皙曰：治乱者，数之变，数谓法制。

勇怯，势也。

王皙曰：勇怯者，势之变。

强弱，形也。

王皙曰：强弱者，形之变。

故善动敌者，形之，敌必从之。

王皙曰：诱敌使必从。

予之，敌必取之。

王皙曰：饵敌使必取予与同。

以利动之，以卒待之。

王皙曰：或使之从，或使之取，必先严兵以待之也。

故善战者，求之于势，不责于人。

故能择人而任势。

王皙曰：谓将能择人任势以战，则自然胜矣。人者，谓偏裨与？

任势者，其战人也，如转木石；木石之性，安则静，危则动，方则止，圆则行。

故善战人之势，如转圆石于千仞之山者，势也。

王皙曰：石不能自转，因山之势，而不可遏也。战不能安胜，因兵之势，而不可支也。

第六章　虚实篇

一、曹操注《孙子兵法·虚实篇》

曹操曰：能虚实彼己也。

孙子曰：凡先处战地而待敌者佚。

曹操曰：力有余也。

后处战地而趋战者劳。

故善战者，致人而不致于人。

能使敌人自至者，利之也。

曹操曰：诱之以利也。

能使敌人不得至者，害之也。

曹操曰：出其所必趋，攻其所必救。

故敌佚能劳之。

曹操曰：以事烦之。

饱能饥之。

曹操曰：绝粮道以饥之。

安能动之。

曹操曰：攻其所必爱，出其所必趋，则使敌不得不相救也。

出其所不趋，趋其所不意。

曹操曰：使敌不得相往而救之也。

行千里而不劳者，行于无人之地也。

曹操曰：出空击虚，避其所守，击其不意。
攻而必取者，攻其所不守也。
守而必固者，守其所不攻也。
故善攻者，敌不知其所守；善守者，敌不知其所攻。
曹操曰：情不泄也。
微乎微乎，至于无形，神乎神乎，至于无声，故能为敌之司命。
进而不可御者，冲其虚也；退而不可追者，速而不可及也。
曹操曰：卒往进攻其虚懈，退又疾也。
故我欲战，敌虽高垒深沟，不得不与我战者，攻其所必救也。
曹操曰：绝其粮道，守其归路，攻其君主也。
我不欲战，画地而守之。
曹操曰：军不欲烦也。
敌不得与我战者，乖其所之也。
曹操曰：乖，戾也。戾其道，示以利害，使敌疑也。
故形人而我无形，则我专而敌分。
我专为一，敌分为十，是以十攻其一也。
则我众而敌寡。
能以众击寡者，则吾之所与战者，约矣。
吾所与战之地不可知。
不可知，则敌所备者多。
敌所备者多，则吾所与战者，寡矣。

曹操曰：形藏敌疑，则分离其众备我也。言少而易击也。

故备前则后寡，备后则前寡；备左则右寡，备右则左寡；无所不备，则无所不寡。

寡者，备人者也；众者，使人备己者也。

曹操曰：上所谓形藏敌疑，则分离其众以备我也。

故知战之地，知战之日，则可千里而会战。

曹操曰：以度量知空虚会战之日。

不知战地，不知战日，则左不能救右，右不能救左，前不能救后，后不能救前，而况远者数十里，近者数里乎？

以吾度之，越人之兵虽多，亦奚益于胜败哉？

曹操曰：越人相聚，纷然无知也。或曰：吴越，仇国也。

故曰：胜可为也。

敌虽众，可使无斗。

故策之而知得失之计。

作之而知动静之理。

形之而知死生之地。

角之而知有余不足之处。

曹操曰：角，量也。

故形兵之极，至于无形；无形，则深间不能窥，智者不能谋。

因形而错胜于众，众不能知。

曹操曰：因敌形而立胜。

人皆知我所以胜之形，而莫知吾所以制胜之形。

曹操曰：不以一形之胜万形。或曰：不备知也。制胜者，人皆知吾所以胜，莫知吾因敌形制胜也。

故其战胜不复，而应形于无穷。

曹操曰：不重复动而应之也。

夫兵形象水。

水之形，避高而趋下。

兵之形，避实而击虚。

水因地而制流。

兵因敌而制胜。

故兵无常势。

水无常形。

能因敌变化而取胜者，谓之神。

曹操曰：势盛必衰，形露必败，故能因敌变化，取胜若神。

故五行无常胜。

四时无常位。

日有短长，月有死生。

曹操曰：兵无常势，盈缩随敌。

二、杜佑注《孙子兵法·虚实篇》

孙子曰：凡先处战地而待敌者佚。

杜佑曰：先处形胜之地以待敌者，则有备豫，士马闲逸。

后处战地而趋战者劳。

故善战者，致人而不致于人。

杜佑曰：言两军相远，强弱俱敌，彼可使历险而来，我不可历险而往，必能引致敌人，已不往从也。

能使敌人自至者，利之也。

能使敌人不得至者，害之也。

故敌佚能劳之。

饱能饥之。

安能动之。

出其所不趋，趋其所不意。

行千里而不劳者，行于无人之地也。

攻而必取者，攻其所不守也。

守而必固者，守其所不攻也。

故善攻者，敌不知其所守；善守者，敌不知其所攻。

微乎微乎，至于无形，神乎神乎，至于无声，故能为敌之司命。

杜佑曰：言其微妙所不可见也。言变化之形，倏忽若神，故能料敌死生，若天之司命也。

进而不可御者，冲其虚也；退而不可追者，速而不可及也。

杜佑曰：冲突其虚空也。

故我欲战，敌虽高垒深沟，不得不与我战者，攻其所必救也。

我不欲战，画地而守之。

敌不得与我战者，乖其所之也。

故形人而我无形，则我专而敌分。

杜佑曰：我专一而敌分散。

我专为一，敌分为十，是以十攻其一也。

杜佑曰：我料见敌形，审其虚实，故所备者少，专为一屯。以我之专，击彼之散卒，为十共击一也。

则我众而敌寡。

杜佑曰：我专为一，故众；敌分为十，故寡。

能以众击寡者，则吾之所与战者，约矣。

杜佑曰：言约少而易胜。

吾所与战之地不可知。

杜佑曰：言举动微密，情不可见，使彼知所出而不知吾所举，知所举而不知吾所集。

不可知，则敌所备者多。

敌所备者多，则吾所与战者，寡矣。

故备前则后寡，备后则前寡；备左则右寡，备右则左寡；无所不备，则无所不寡。

杜佑曰：言敌之所备者多，则士卒无不分散而少。

寡者，备人者也；众者，使人备己者也。

杜佑曰：敌分散而少者，皆先备人也；敌所以备己多者，由我专而众故也。

故知战之地，知战之日，则可千里而会战。

杜佑曰：夫善战者，必知战之日，知战之地。度道设期，分军杂卒，远者先进，近者后发，千里之会，同时而合，若会都市。其会地之日，无令敌知，知之则所备处少，不知则所备处多。备寡则专，备多则分；分则力散，专则力全。

不知战地，不知战日，则左不能救右，右不能救左，前不能求后，后不能救前，而况远者数十里，近者数里乎？

杜佑曰：敌已先据形势之地，已方趣利欲战，则左右前后疑惑，进退不能相救，况十数里之间也？

以吾度之，越人之兵虽多，亦奚益于胜败哉？

故曰：胜可为也。

敌虽众，可使无斗。

故策之而知得失之计。

杜佑曰：策度敌情，观其所施，计数可知。

作之而知动静之理。

杜佑曰：喜怒动作，察其举止，则情理可得。故知动静权变，为其胜负也。

形之而知死生之地。

角之而知有余不足之处。

故形兵之极，至于无形；无形，则深间不能窥，智者不能谋。

因形而错胜于众，众不能知。

人皆知我所以胜之形，而莫知吾所以制胜之形。故其战胜不复，而应形于无穷。

杜佑曰：死官也。

夫兵形象水。

水之形，避高而趋下。

兵之形，避实而击虚。

水因地而制流。

兵因敌而制胜。

杜佑曰：言水因地之倾侧而制其流，兵因敌之亏阙而取其胜者也。

故兵无常势。

水无常形。

能因敌变化而取胜者，谓之神。

故五行无常胜。

杜佑曰：五行更王。

四时无常位。

杜佑曰：四时迭用。

日有短长，月有死生。

三、李筌注《孙子兵法·虚实篇》

李筌曰：善用兵者，以虚为实；善破敌者，以实为虚。故次其篇。

孙子曰：凡先处战地而待敌者佚。

曹操、李筌并曰：力有余也。

后处战地而趋战者劳。

李筌曰：力不足也。《太一遁甲》云：『彼来攻我，则我为主，彼为客。主易客难也。』是以《太一遁甲》言其定计之义。故知劳佚事不同，先后势异。

故善战者，致人而不致于人。

李筌曰：故能致人之劳，不致人之佚也。

能使敌人自至者，利之也。

李筌曰：以利诱之，敌则自远而至也。赵将李牧诱匈奴，则其义也。

能使敌人不得至者，害之也。

李筌曰：害其所急，彼必释我而自固也。魏人寇赵邯郸，乞师于齐。齐将田忌欲救赵，孙膑曰：『夫解纷者不控卷，救斗者不搏撠，批亢捣虚，形格势禁，则自解尔。今二国相持，轻锐竭于外，疲老殆于内，我袭其虚，彼必解围而奔命，所谓一举存赵而弊魏也。』后魏果释赵而奔大梁，遭齐人于马陵，魏师败绩。

故敌佚能劳之。

李筌曰：攻其不意，使敌疲于奔命。

饱能饥之。

李筌曰：焚其积聚，芟其禾苗，绝其粮道。

安能动之。
李筌曰：出其所必趋，击其所不意，攻其所必（不）爱，使不得不救也。
出其所不趋，趋其所不意。
行千里而不劳者，行于无人之地也。
李筌曰：出敌无备，从孤击虚，何人之有！
攻而必取者，攻其所不守也。
李筌曰：无虞易取。
守而必固者，守其所不攻也。
故善攻者，敌不知其所守；善守者，敌不知其所攻。
李筌曰：善攻者，器械多也；东魏高欢攻邺是也。善守，谨备也；周韦孝宽守晋州是也。
微乎微乎，至于无形，神乎神乎，至于无声，故能为敌之司命。
李筌曰：言二遁用兵之奇正，攻守微妙，不可形于言说也。微妙神乎，敌之死生，悬形于我，故曰司命。
进而不可御者，冲其虚也；退而不可追者，速而不可及也。
李筌曰：进者袭空虚懈怠；退者必辎重在先，行远而大军始退，是以不可追。后赵王石勒兵在葛陂，苦雨，欲班师于邺，惧晋人蹑其后。用张宾计，令辎重先行，远而不可及也。此筌以速字为远者也。
故我欲战，敌虽高垒深沟，不得不与我战者，攻其所必救也。
李筌曰：绝其粮道，守其归路，攻其君主也。
我不欲战，画地而守之。
李筌曰：拒境自守也。若入敌境，则用《太一遁甲》真人闭六戊之法，以刀画地为营也。
敌不得与我战者，乖其所之也。
李筌曰：乖，异也。设奇异而疑之，是以敌不可得与我战。汉上谷太守李广纵马卸鞍（安），疑也。

故形人而我无形，则我专而敌分。

我专为一，敌分为十，是以十攻其一也。

则我众而敌寡。

能以众击寡者，则吾之所与战者，约矣。

吾所与战之地不可知。

不可知，则敌所备者多。

敌所备者多，则吾所与战者，寡矣。

故备前则后寡，备后则前寡；备左则右寡，备右则左寡；无所不备，则无所不寡。

寡者，备人者也；众者，使人备己者也。

李筌曰：陈兵之地，不可令敌人知之；彼疑，则谓众离而备我也。

故知战之地，知战之日，则可千里而会战。

李筌曰：知战之地，则舟车步骑之所便也。魏武以北土未安，舍鞍马，仗舟楫，与吴赵争强，是以有黄盖之败。吴王濞驱吴楚之众，奔驰于梁郑之间，此不知战地、日者。故《太一遁甲》曰：『计法三门、五将，主客成败则可知也，于是千里会战而胜。』

不知战地，不知战日，则左不能救右，右不能救左，前不能救后，后不能救前，而况远者数十里，近者数里乎？

以吾度之，越人之兵虽多，亦奚益于胜败哉？

李筌曰：越，过也。不知战地及战日，兵虽过人，安能知其胜败乎？

故曰：胜可为也。

敌虽众，可使无斗。

故策之而知得失之计。

李筌曰：用兵者取胜之兵法可制。《太一遁甲》五将之计，以定关格掩迫之数，得失可知也。

作之而知动静之理。

李筌曰：候望云气、风鸟、人情，则动静可知也。王莽时，王寻征昆阳，有云气如坏山，当营而坠，去地数丈，而光武知其必败。梁王僧辩营上有如堤之气，侯景知其必胜。风鸟，贪豺之类也。此筌以『作』字为『候』字者也。

形之而知死生之地。

李筌曰：夫破陈设奇，或偃旗鼓，形之以弱；或虚列灶火幡帜，形之以强。投之以死，致之以生，最以死生因地而成也。韩信下井陉，刘裕过大岘，则其义也。

角之而知有余不足之处。

李筌曰：角，量也。量其力精勇则虚实可知也。

故形兵之极，至于无形；无形，则深间不能窥，智者不能谋。

李筌曰：形敌之妙，入于无形，间不可窥，智不可谋，是谓形也。

因形而错胜于众，众不能知。

李筌曰：错，置也。设形险之势，因士卒之勇，而取胜焉。军事尚密，非众人之所知也。

人皆知我所以胜之形，而莫知吾所以制胜之形。

李筌曰：战胜，人知之；制胜之法幽密，人莫知。

故其战胜不复，而应形于无穷。

李筌曰：不复前谋以取胜，随宜制变也。

夫兵形象水。

水之形，避高而趋下。

兵之形，避实而击虚。

水因地而制流。

兵因敌而制胜。

李筌曰：不因敌之势，吾何以制哉？夫轻兵不能持久，守之必败；重兵挑之必出。怒兵辱之，强兵缓之，将骄宜卑之，将贪宜利之，将疑宜反间之，故因敌而制胜。

故兵无常势，

水无常形。

能因敌变化而取胜者，谓之神。

李筌曰：能知此道，谓之神兵也。

故五行无常胜，

四时无常位，

日有短长，月有死生。

李筌曰：五行者，休囚王相，递相胜也。四时者，寒暑往来，无常定也。日月者，周天三百六十五度四分度之一。百刻者，春秋二分则日夜均，夏至之日昼六十刻、夜四十刻，冬至之日昼四十刻、夜六十刻，长短不均也。月初为朔，八日为上弦，十五日为望，二十四日为下弦，三十日为晦，则死生义也。孙子以为五行、四时、日月盈缩无常，况于兵之形变，安常定也？

四、杜牧注《孙子兵法·虚实篇》

杜牧曰：夫兵者，避实击虚，先须识彼我之虚实也。

孙子曰：凡先处战地而待敌者佚，

后处战地而趋战者劳。

杜牧曰：后周遣将帅突厥之众逼齐，齐将段韶御之。时大雪之后，周人以步卒为前锋，从西而下，去城二里。诸将欲逆击之。韶曰：『步人气力势自有限，今积雪既厚，逆战非便，不如陈以待之；彼劳我佚，破之必矣。』既而交战，大破之，前锋尽殪，自余遁矣。

故善战者，致人而不致于人。

杜牧曰：致令敌来就我，我当蓄力待之，不就敌人，恐我劳也。后汉张步将费邑分遣其弟敢守巨里，耿弇进兵，先胁巨里，使多伐树木，扬言以填坑堑。数日有降者，言邑闻弇欲攻巨里，谋来救之。乃严令军中趋修攻具，宣勒诸部：后三日当悉力攻巨里城。阴缓生口，令得亡归。归者以弇期告邑。至日，果自将精兵三万余人来救之。弇喜谓诸将曰：『吾修攻具者，欲诱致邑耳；今来，适其所求也。』即分三千人守巨里，自引精兵上冈阪，乘高大破之，遂临阵斩费邑。

能使敌人自至者，利之也。

杜牧曰：李牧大纵畜牧人众满野，匈奴小入，佯北不胜，以数千人委之。单于大喜，率众来入，牧大破之，杀匈奴十万骑，单于奔走，岁余不敢犯边也。

能使敌人不得至者，害之也。

杜牧曰：曹公攻河北，师次顿丘，黑山贼于毒等攻武阳。曹公乃引兵西入山，攻毒本屯，毒闻之，弃武阳还。曹公要击于内，大破之也。

故敌佚能劳之。

杜牧曰：高颎言平陈之策于隋祖曰：『江北寒，田收差晚，江南土热，水田早熟。量彼收获之际，征兵上马，声言掩袭，彼必屯兵御守，足得废其农时。彼既聚兵，我便解甲。』于是陈人始病。

饱能饥之。

杜牧曰：我为主，敌为客，则可以绝粮道而饥之。如我为客，敌为主，则如之何？答曰：饥敌之术，非止绝粮道，但能饥之则是。隋高颎平陈之策曰：『江南土薄，舍多茅竹，有畜积，皆非地窖。密遣人因风纵火，待敌修立，更复烧之，不出数年，自可财力俱尽。』遂行其策，由是陈人益困。三国时，诸葛诞、文钦据寿春，及招吴请援。司马景王讨之，谓诸将曰：『彼当突围，决一朝之命；或谓大军不能久，省食减口，冀有他变。料贼之情，不出此二者，当多方以乱之。』因命合围，遣羸疾寄谷淮北，廪军士豆，人三升。诞、钦闻之，果喜。景王愈羸形以示之，诞等益宽恣食。俄而城中粮尽，攻而拔之。隋末，宇文化及率兵攻李密于黎阳。密知化及粮少，因伪和之，以弊其众。化及大喜，恣其兵食，冀密馈之。其后食尽，其将王智略、张童仁等率所部兵归于密，前后相继，化及以此遂败。

安能动之。

杜牧曰：司马宣王攻公孙文懿于辽东，阻辽水以拒魏军。宣王曰：『贼坚营高垒，以老我师，攻之，正入其计。古人云：敌虽高垒，不得不与我战者，攻其所必救。我今直指襄平，则人怀内惧，惧而求战，破之必矣。』遂整陈而过。贼见兵出其后，果来邀之；乃纵击，大破之，竟平辽东。

出其所不趋，趋其所不意。

行千里而不劳者，行于无人之地也。

杜牧曰：梁元帝时，西蜀称帝，率兵东下，将攻元帝。西魏大将周文帝曰：『平蜀制梁，在兹一举。』诸将多有异同。文帝谓将军尉迟迥曰：『伐蜀之事，一以委公，然计将安出？』迥曰：『蜀与中国隔绝百余年矣，恃其山川险阻，不虞我师之至。宜以精甲锐骑，星夜奔袭之。平路则倍道兼行，险途则缓兵渐进。出其不意，冲其腹心，必向风不守。』竟以平蜀。言不劳者，空虚之地，无敌人之虞，行止在我，故不劳也。

攻而必取者，攻其所不守也。

杜牧曰：警其东，击其西，诱其前，袭其后。后汉张步都剧，使弟蓝守西安，又令别将守临淄。去临淄四十里，耿弇引军营其间。弇视西安城小而坚，蓝兵又精；临淄名虽大，其实易攻。弇令军吏治攻具，后五日攻西安，纵生口令归。蓝闻之，晨夜守城。至期，夜半，弇勒诸将蓐食，及明，至临淄城下。护军荀梁等争之，以为宜速攻西安。弇曰：『西安闻吾欲攻，日夜为备。临淄出其不意，至必惊扰，吾攻之，一日必拔。拔临淄，即西安势孤，所谓击一得两。』尽如其策。后汉末，朱儁击黄巾贼帅韩忠于宛。儁作长围，起土山，以临其城内。因鸣鼓攻其西南，贼悉众赴之；儁自将精兵五千，掩其东北，乘城而入。忠乃退保小城，惶惧乞降。

守而必固者，守其所不攻也。

杜牧曰：不攻尚守，何况其所攻乎！汉太尉周亚夫击七国于昌邑也，贼奔壁东南陬，亚夫使备其西北。俄而贼精卒攻西北，不得入，因遁走，追破之。

故善攻者，敌不知其所守；善守者，敌不知其所攻。

杜牧曰：攻取备御之情不泄也。

微乎微乎，至于无形，神乎神乎，至于无声，故能为敌之司命。

杜牧曰：微者，静也；神者，动也。静者守，动者攻，敌之死生，悉悬于我，故如天之司命。

进而不可御者，冲其虚也；退而不可追者，速而不可及也。

杜牧曰：既攻其虚，敌必败；败丧之后，安能追我？我故得以疾退也。

故我欲战，敌虽高垒深沟，不得不与我战者，攻其所必救也。

杜牧曰：我为主，敌为客，则绝其粮食，守其归路。若我为客，敌为主，则攻其君主。司马宣王攻辽东，直指襄平，是也。

我不欲战，画地而守之。敌不得与我战者，乖其所之也。

杜牧曰：言敌来攻我，我不与战，设权变以疑之，使敌人疑惑不决，与初来之心乖戾，不敢与我战也。曹公争汉中地，蜀先主拒之。时将赵云守别屯，将数十骑轻出，卒遇大军，云且斗且却。公军追至，围云。入营，使（史）大开门，偃旗息鼓。曹公军疑有伏，引去。诸葛武侯屯于阳平，使魏延诸将并兵东下，武侯惟留万人守城。候白司马宣王曰：『亮在城中，兵力少弱。』将士失色，亮时意气自若，敕军中悉卧旗息鼓，不得辄出，开四门扫地却洒。宣王疑有伏，于是引去，趋北山。亮谓参佐曰：『司马懿谓吾有设伏，循山走矣。』宣王后知，颇以为恨。曹公与吕布相持，公军出收麦，布领众卒至。公营止有千人出陈，半隐于堤下，吕布迟疑不敢进，曰：『曹操多诈，勿入伏中。』遂引兵去。

故形人而我无形，则我专而敌分。我专为一，敌分为十，是以十攻其一也。则我众而敌寡。

能以众击寡者，则吾之所与战者，约矣。

杜牧曰：约犹少也。我深堑高垒，灭迹韬声，出入无形，攻取莫测。或以轻兵健马，冲其空虚；或以强弩长弓，夺其要害。触左履右，突后惊前。昼日误之以旌旗，暮夜惑之以火鼓。故敌人畏惧，分兵防虞。譬如登山瞰城，垂帘视外，敌人分张之势，我则尽知；我之攻守之方，敌则不测。故我能专一，敌则分离。专一者力全，分离者力寡。以全击寡，故能必胜也。

吾所与战之地不可知。

不可知，则敌所备者多。

敌所备者多，则吾所与战者，寡矣。

故备前则后寡，备后则前寡；备左则右寡，备右则左寡；无所不备，则无所不寡。

寡者，备人者也；众者，使人备己者也。

杜牧曰：所战之地，不可令敌人知之。我形不泄，则左右、前后、远近、险易，敌人不知，亦不知我何处来攻，何地会战，故分兵御卫，处处防备。形藏者众，分多者寡；故众者必胜也，寡者必败也。

故知战之地，知战之日，则可千里而会战。

杜牧曰：宋武帝使朱龄石伐谯纵于蜀，宋武曰：『往年刘敬宣出内水向黄武，无功而退。贼谓我今应从外水来，而料我当出其不意，犹从内水来也，如此必以重兵守涪城，以备内道；若向黄武，正堕其计。今以大众自外取成都，疑兵向内水，此则制敌之奇也。』而虑此声先驰，贼知虚实，别有函书全封付龄石。函边书曰：『至白帝乃开。』诸军未知处分所由。至白帝，发书曰：『众军悉从外水取成都，臧熹、朱林于中水取广汉，使羸弱乘高舰十余，由内水向黄武。』谯纵果以重兵备内水，龄石灭之。

不知战地，不知战日，则左不能救右，右不能救左，前不能求后，后不能救前，而况远者数十里，近者数里乎？

杜牧曰：管子曰：『计未定而出兵，则战而自毁也。』

以吾度之，越人之兵虽多，亦奚益于胜败哉？

故曰：胜可为也。

杜牧曰：为胜在我，故言可为也。

敌虽众，可使无斗。

杜牧曰：以下四事度量之，敌兵虽众，使其不能与我斗胜也。

故策之而知得失之计。

作之而知动静之理。

杜牧曰：作，激作也。言激作敌人，使其应我，然后观其动静理乱之形也。魏武侯曰：『两军相当，不知其将，如何？』吴起曰：『令贱勇者将锐而击，交合而北，北而勿罚，观敌进退，一坐一起，其政以理，奔北不追，见利不取，此将有谋。若其悉众追北，旗幡杂乱，行止纵横，贪利务得，若此之类，将令不行，击而勿疑。』

形之而知死生之地。

杜牧曰：死生之地，盖战地也。投之死地必生，置之生地必死。言我方方误挠敌人，以观其应我之形，然后随而制之，则死生之地可知也。

角之而知有余不足之处。

杜牧曰：角，量也。言以我之有余，角量敌人之有余；以我之不足，角量敌人之不足。管子曰：『善攻者料众以攻众，料食以攻食；食不存不攻，备不存不攻。』司马宣王伐辽东，司马陈珪曰：『昔攻上庸，八部并进，昼夜不息，故能一旬之半，拔坚城，斩孟达。今者远来，而更安缓，愚切惑焉。』王曰：『孟达众少而食支一年，吾将四倍于达，而粮不淹一月；以一月图一年，安可不速？以四击一，正命半解犹当为之，是以不计死伤与粮竞也。今贼众我寡，贼饥我饱，雨水乃尔，功力不设，贼粮垂尽，当示无能以安之。』既而雨止，昼夜攻之，竟平辽东。

故形兵之极，至于无形；无形，则深间不能窥，智者不能谋。

杜牧曰：此言用兵之道，至于臻极，不过于无形。无形，则虽有间者深来窥我，不能知我之虚实。强弱不泄于外，虽有智能之士，亦不能谋我也。

因形而错胜于众，众不能知。

杜牧曰：窥形可置胜败，非智者不能，固非众人所能得知也。

人皆知我所以胜之形，而莫知吾所以制胜之形。

杜牧曰：言已胜之后，但知我制敌人，使有败形，本自于我，然后我能胜之也。上文云：『近而示之远，远而示之近，利而诱之，乱而取之，实而备之，强而避之，怒而挠之，卑而骄之，佚而劳之，亲而离之。』斯皆制胜之道，人莫知之也。

故其战胜不复，而应形于无穷。

杜牧曰：敌每有形，我则始能随而应之以取胜。

夫兵形象水。

水之形，避高而趋下。

兵之形，避实而击虚。

水因地而制流。

杜牧曰：因地之下。

兵因敌而制胜。

杜牧曰：因敌之虚也。

故兵无常势。

水无常形。

能因敌变化而取胜者，谓之神。

杜牧曰：兵之势，因敌乃见；势不在我，故无常势。如水之形，因地乃有；形不在水，故无常形。水因地之下，则可漂石；兵因敌之应，则可变化如神者也。

故五行无常胜。

四时无常位。

日有短长，月有死生。

五、陈皞注《孙子兵法·虚实篇》

孙子曰：凡先处战地而待敌者佚。

后处战地而趋战者劳。

故善战者，致人而不致于人。

能使敌人自至者，利之也。

能使敌人不得至者，害之也。

陈皞曰：子胥疲楚师，孙膑走魏将之类也。

故敌佚能劳之。

饱能饥之。

陈皞曰：饥敌之术，在临事应机。

安能动之。

陈皞曰：《左传》楚伐宋，宋告急于晋。晋先轸曰：『我执曹君，而分曹、卫之田以赐宋人，楚爱曹、卫，必不许也。喜赂怒顽，能无战乎？』遂破楚师。

出其所不趋，趋其所不意。

行千里而不劳者，行于无人之地也。

陈皞曰：夫言空虚者非止为敌人不备也。但备之不严，守之不固，将弱兵乱，粮少势孤，我整军临之，彼必望风自溃。是我不劳苦，如行无人之地。

攻而必取者，攻其所不守也。

陈皞曰：国家征上党，王宰知刘稹恃天井之险，不为固守之计。宰悉力攻夺而后守，稹失其险，终陷其巢穴也。

守而必固者，守其所不攻也。

陈皞曰：无虑敌不攻，虑我不守。无所不攻，无所不守，乃用兵之计备也。

故善攻者，敌不知其所守；善守者，敌不知其所攻。

微乎微乎，至于无形，神乎神乎，至于无声，故能为敌之司命。

进而不可御者，冲其虚也；退而不可追者，速而不可及也。

陈皞曰：杜说非也。曹公之围张绣也，城未拔、力未屈而去之。绣兵出袭其后，贾诩止之，绣不听，果被曹公所败。绣谓诩曰：『公既能知其败，必能知其胜。』诩曰：『复以败卒袭之。』绣从之，曹公果败。岂是败丧之后，不能追之哉？盖言乘虚而进，敌不知所御；逐利而退，敌不知所追也。

故我欲战，敌虽高垒深沟，不得不与我战者，攻其所必救也。

我不欲战，画地而守之。

敌不得与我战者，乖其所之也。

陈皞曰：《左传》楚令尹子元伐郑，入自纯门，至于逵市，悬门不发。子元曰：『郑有人焉。』乃还。

故形人而我无形，则我专而敌分。

我专为一，敌分为十，是以十攻其一也。

则我众而敌寡。

能以众击寡者，则吾之所与战者，约矣。

吾所与战之地不可知。

不可知，则敌所备者多。

敌所备者多，则吾所与战者，寡矣。

故备前则后寡，备后则前寡；备左则右寡，备右则左寡；无所不备，则无所不寡。

寡者，备人者也；众者，使人备己者也。

故知战之地，知战之日，则可千里而会战。

陈皞曰：杜注止言知战之地，未叙知战之日。我若伐敌，至期不得与我战，敌来侵我，我必预备以应之。项羽谓曹咎曰：『我十五日必定梁地，复与将军会。』苟不知必战之日安能为约？

不知战地，不知战日，则左不能救右，右不能救左，前不能求后，后不能救前，而况远者数十里，近者数里乎？

以吾度之，越人之兵虽多，亦奚益于胜败哉？

陈皞曰：孙子为吴王阖闾论兵，吴与越仇，故言越。谓过人之兵非义也。

故曰：胜可为也。

敌虽众，可使无斗。

故策之而知得失之计。

作之而知动静之理。

陈皞曰：作，为也。为之利害，使敌赴之，则知进退之理也。

形之而知死生之地。

陈皞曰：敌人既有动静，则我得见其形。有谋者所处之地必生，无谋者所投之地必死也。

角之而知有余不足之处。

故形兵之极，至于无形；无形，则深间不能窥，智者不能谋。

因形而错胜于众，众不能知。

人皆知我所以胜之形，而莫知吾所以制胜之形。

陈皞曰：人但知我胜敌之善，不能知我因敌之败形。

故其战胜不复，而应形于无穷。

夫兵形象水。

水之形，避高而趋下。

兵之形，避实而击虚。

水因地而制流。

兵因敌而制胜。

故兵无常势。

水无常形。

能因敌变化而取胜者，谓之神。

故五行无常胜。

四时无常位。

日有短长，月有死生。

六、贾林注《孙子兵法·虚实篇》

孙子曰：凡先处战地而待敌者佚。

贾林曰：先处形胜之地以待敌者，则有备豫，士马闲逸。

后处战地而趋战者劳。

贾林曰：敌处便利，我则不往，引兵别据，示不敌其军；敌谓我无谋，必来攻袭。如此，则反令敌倦，而我不劳。

故善战者，致人而不致于人。

能使敌人自至者，利之也。

能使敌人不得至者，害之也。

故敌佚能劳之。

饱能饥之。

安能动之。

出其所不趋，趋其所不意。

行千里而不劳者，行于无人之地也。

攻而必取者，攻其所不守也。

守而必固者，守其所不攻也。

故善攻者，敌不知其所守；善守者，敌不知其所攻。

贾林曰：教令行，人心附，备守坚固，微隐无形，敌人犹豫，智无所措也。

微乎微乎，至于无形，神乎神乎，至于无声，故能为敌之司命。

进而不可御者，冲其虚也；退而不可追者，速而不可及也。

故我欲战，敌虽高垒深沟，不得不与我战者，攻其所必救也。

我不欲战，画地而守之。

敌不得与我战者，乖其所之也。

贾林曰：置疑兵于敌恶之所，屯营于形胜之地，虽未修垒堑，敌人不敢来攻我也。

故形人而我无形，则我专而敌分。

我专为一，敌分为十，是以十攻其一也。

则我众而敌寡。

能以众击寡者，则吾之所与战者，约矣。

吾所与战之地不可知。

不可知，则敌所备者多。

敌所备者多，则吾所与战者，寡矣。

故备前则后寡，备后则前寡；备左则右寡，备右则左寡；无所不备，则无所不寡。

寡者，备人者也；众者，使人备己者也。

故知战之地，知战之日，则可千里而会战。

不知战地，不知战日，则左不能救右，右不能救左，前不能救后，后不能救前，而况远者数十里，近者数里乎？

以吾度之，越人之兵虽多，亦奚益于胜败哉？

贾林曰：不知战地，不知战日，士众虽多，不能制胜败之政，亦何益也。

故曰：胜可为也。

敌虽众，可使无斗。

贾林曰：敌虽众多，不知己之兵精，常使急自备，不暇谋斗。

故策之而知得失之计。

贾林曰：樽俎帷幄之间，以策筹之，我得彼失之计，皆先知也。

作之而知动静之理。

贾林曰：善觇候者，必知其动静之理。

形之而知死生之地。

贾林曰：见所理兵形，则可知其死所。

角之而知有余不足之处。

故形兵之极，至于无形；无形，则深间不能窥，智者不能谋。

因形而错胜于众，众不能知。

人皆知我所以胜之形，而莫知吾所以制胜之形。

故其战胜不复，而应形于无穷。

贾林曰：应敌形而制胜，乃无穷。

夫兵形象水。

水之形，避高而趋下。

兵之形，避实而击虚。

水因地而制流。

兵因敌而制胜。

贾林曰：见敌盛衰之形，我得因而立胜。

故兵无常势。

水无常形。

能因敌变化而取胜者，谓之神。

故五行无常胜。

四时无常位。

日有短长，月有死生。

七、孟氏注《孙子兵法·虚实篇》

孙子曰：凡先处战地而待敌者佚。

后处战地而趋战者劳。

孟氏曰：若敌已处便势之地，己方赴利，士马劳倦，则不利矣。

故善战者，致人而不致于人。

能使敌人自至者，利之也。

能使敌人不得至者，害之也。

故敌佚能劳之。

饱能饥之。

安能动之。

孟氏曰：攻其所必爱，出其所必趋，则使敌不得不相救也。

出其所不趋，趋其所不意。

行千里而不劳者，行于无人之地也。

攻而必取者，攻其所不守也。

守而必固者，守其所不攻也。

故善攻者，敌不知其所守；善守者，敌不知其所攻。

微乎微乎，至于无形，神乎神乎，至于无声，故能为敌之司命。

进而不可御者，冲其虚也；退而不可追者，速而不可及也。

故我欲战，敌虽高垒深沟，不得不与我战者，攻其所必救也。

我不欲战，画地而守之。

孟氏曰：以物画地而守，喻其易也。盖我能戾敌人之心，不敢至也。

敌不得与我战者，乖其所之也。

故形人而我无形，则我专而敌分。

我专为一，敌分为十，是以十攻其一也。

则我众而敌寡。

能以众击寡者，则吾之所与战者，约矣。

吾所与战之地不可知。

不可知，则敌所备者多。

敌所备者多，则吾所与战者，寡矣。

故备前则后寡，备后则前寡；备左则右寡，备右则左寡；无所不备，则无所不寡。

寡者。备人者也；众者，使人备己者也。

孟氏曰：备人则我散，备我则彼分。

故知战之地，知战之日，则可千里而会战。

孟氏曰：以度量知空虚，先知战地之形，又审必战之日，则可千里期会，先往以待之。若敌已先至，可不往以劳之。

不知战地，不知战日，则左不能救右，右不能救左，前不能求后，后不能救前，而况远者数十里，近者数里乎？
以吾度之，越人之兵虽多，亦奚益于胜败哉？
故曰：胜可为也。
孟氏曰：若使敌不知战地期日，我之必胜可常有也。
敌虽众，可使无斗。
孟氏曰：敌虽多兵，我能多设变诈，分其形势，使不能并力也。
故策之而知得失之计。
孟氏曰：策度敌情，观其施为，则计数可知。
作之而知动静之理。
形之而知死生之地。
孟氏曰：形相敌情，观其所据，则地形势生死，可得而知。
角之而知有余不足之处。
故形兵之极，至于无形；无形，则深间不能窥，智者不能谋。
因形而错胜于众，众不能知。
人皆知我所以胜之形，而莫知吾所以制胜之形。
故其战胜不复，而应形于无穷。
夫兵形象水。
孟氏曰：兵之形势如水流，迟速之势无常也。
水之形，避高而趋下。
兵之形，避实而击虚。
水因地而制流。

兵因敌而制胜。

故兵无常势。

水无常形。

孟氏曰：兵有变化，地有方圆。

能因敌变化而取胜者，谓之神。

故五行无常胜。

四时无常位。

日有短长，月有死生。

八、梅尧臣注《孙子兵法·虚实篇》

孙子曰：凡先处战地而待敌者佚。

后处战地而趋战者劳。

梅尧臣曰：先至待敌则力完，后至趋战则力屈。

故善战者，致人而不致于人。

梅尧臣曰：能令敌来，则敌劳；我不住就，则我佚。

能使敌人自至者，利之也。

梅尧臣曰：何能自来，示之以利。

能使敌人不得至者，害之也。

梅尧臣曰：敌不得来，当制之以害。

故敌佚能劳之。

梅尧臣曰：挠之使不得休息。

饱能饥之。

梅尧臣曰：要其粮，使不得馈。

安能动之。

梅尧臣曰：趋其所顾，使不得止。

出其所不趋，趋其所不意。

行千里而不劳者，行于无人之地也。

梅尧臣曰：出所不意。

攻而必取者，攻其所不守也。

梅尧臣曰：言击其南，实攻其北。

守而必固者，守其所不攻也。

梅尧臣曰：贼击我西，亦备乎东。

故善攻者，敌不知其所守；善守者，敌不知其所攻。

梅尧臣曰：善攻者机密不泄，善守者周备不隙。

微乎微乎，至于无形，神乎神乎，至于无声，故能为敌之司命。

梅尧臣曰：无形则微密不可得而窥；无声则神速不可得而知。

进而不可御者，冲其虚也；退而不可追者，速而不可及也。

梅尧臣曰：进乘其虚，则莫我御；退因其弊，则莫我追。

故我欲战，敌虽高垒深沟，不得不与我战者，攻其所必救也。

梅尧臣曰：攻其要害。

我不欲战，画地而守之。

敌不得与我战者，乖其所之也。

梅尧臣曰：画地，喻易也。乖其道而示以利，使其疑而不敢进也。

故形人而我无形，则我专而敌分。

梅尧臣曰：他人有形，我形不见，故敌分兵以备我。

我专为一，敌分为十，是以十攻其一也。

梅尧臣曰：离一为十，我常以十分击一分。

则我众而敌寡。

能以众击寡者，则吾之所与战者，约矣。

梅尧臣曰：以专击分，则我所敌少也。

吾所与战之地不可知。

不可知，则敌所备者多。

梅尧臣曰：敌不知，则处处为备。

敌所备者多，则吾所与战者，寡矣。

故备前则后寡，备后则前寡；备左则右寡，备右则左寡；无所不备，则无所不寡。

梅尧臣曰：所备皆寡也。

寡者，备人者也；众者，使人备己者也。

梅尧臣曰：使敌愈备，则愈寡也。

故知战之地，知战之日，则可千里而会战。

梅尧臣曰：若能度必战之地，必战之日，虽千里之远，可克期而与战。

不知战地，不知战日，则左不能救右，右不能救左，前不能救后，后不能救前，而况远者数十里，近者数里乎？

梅尧臣曰：不能救者，寡也。左右前后，尚不能救，况远乎？

以吾度之，越人之兵虽多，亦奚益于胜败哉？

梅尧臣曰：吴越，敌国也。言越人虽多，亦当为我分之而寡也。

故曰：胜可为也。
梅尧臣曰：为胜在我，故言可为也。
敌虽众，可使无斗。
梅尧臣曰：苟能寡，何有斗？
故策之而知得失之计。
梅尧臣曰：彼得失之计，我以算策而知。
作之而知动静之理。
梅尧臣曰：彼动静之理，因我所发而见。
形之而知死生之地。
梅尧臣曰：彼生死之地，我因形见而识。
角之而知有余不足之处。
梅尧臣曰：彼有余不足之处，我以角量而审。
故形兵之极，至于无形；无形，则深间不能窥，智者不能谋。
梅尧臣曰：兵本有形，虚实不露是以无形，此极致也。虽使间者以情钓，智者以谋料，可得乎？
因形而错胜于众，众不能知。
梅尧臣曰：众知我能置胜矣，不知因敌之形。
人皆知我所以胜之形，而莫知吾所以制胜之形。
梅尧臣曰：知得胜之迹，而不知作胜之象。
故其战胜不复，而应形于无穷。
梅尧臣曰：不执故态，应形有机。
夫兵形象水。

水之形，避高而趋下。
梅尧臣曰：性也。
兵之形，避实而击虚。
梅尧臣曰：利也。
水因地而制流。
梅尧臣曰：顺高下也。
兵因敌而制胜。
梅尧臣曰：随虚实也。
故兵无常势。
梅尧臣曰：应敌为势。
水无常形。
梅尧臣曰：因地为形。
能因敌变化而取胜者，谓之神。
梅尧臣曰：随而变化，微不可测。
故五行无常胜。
四时无常位。
日有短长，月有死生。
梅尧臣曰：皆所以象兵之随敌也。